향기로 말을 거는 꽃처럼

향기로 말을 거는 꽃처럼

이해인 산문집

샘터

향기로 말을 거는 꽃처럼

1판 1쇄 발행 2002년 4월 23일
1판 36쇄 발행 2024년 7월 24일

지은이 이해인
그린이 하정민
펴낸이 김성구

콘텐츠본부 고혁 조은아 김초록 이은주
디자인 이영민
마케팅부 송영우 김지희 김나연 강소희
제작 어찬
관리 안웅기

펴낸곳 (주)샘터사
등록 2001년 10월 15일 제1-2923호
주소 서울시 종로구 창경궁로35길 26 2층 (03076)
전화 1877-8941 **팩스** 02-3672-1873
이메일 book@isamtoh.com **홈페이지** www.isamtoh.com

ⓒ 이해인, 2002, Printed in Korea.

이 책은 저작권법에 따라 보호를 받는 저작물이므로 무단 전재와 복제를 금지하며,
이 책 내용의 전부 또는 일부를 이용하려면 반드시 저작권자와 ㈜샘터사의 서면 동의를 받아야 합니다.

ISBN 978-89-464-1356-6 03810

값은 뒤표지에 있습니다. 잘못 만들어진 책은 구입처에서 교환해 드립니다.

늘 맑고 어진 기도로 나의 수도생활을 지켜봐주신 어머니와
사랑하는 올리베따노 성 베네딕도 수녀회 가족들에게 이 책을 바칩니다.

작가의 말

작은 꽃 한 송이 되는 기쁨으로

사철 내내 꽃이 지지 않는 수녀원에 살면서 꽃들은 늘 향기로 먼저 말을 건넨다는 사실을 처음인 듯 새롭게 알아듣곤 합니다.

'가만 있어 봐. 이건 무슨 꽃향기일까요?'

산책을 하다 말고 우리는 곧잘 향기를 찾아 꽃들에게 다가가곤 하지요.

1월은 수선화, 2월은 매화, 3월은 천리향, 4월은 라일락, 5월은 아카시아꽃, 6월은 태산목, 7월은 치자꽃, 8월은 백합, 9월은 코스모스, 10월은 국화, 11월은 팔손이꽃, 12월은 동백꽃.

눈을 감고도 얼굴과 향기가 그려지는 꽃들을 대할 적마다 나는 타고르의 아름다운 시 〈꽃의 학교〉를 떠올리곤 합니다. '어머니, 꽃은 땅속의 학교에 다니지요? 꽃은 문을 닫고 수업을 받는 거지요?'로 시작하는.

나도 늘 꽃 이름으로 출석을 부르는 꽃 선생님이 된 것 같은 느낌으로 꽃을 대합니다. 그러다 보니 내가 쓰는 글 속에도 자연히 꽃 이야기가 많이 나옵니다. 봄 여름 가을 겨울에 피고 지는 많은 꽃들의 여정을 통해 사람의 일생을 묵상해보고, 수도원이라는 큰 정원에서 함께 살지만 서로 다른 모습을 지닌 여러 꽃님들의 개성을 향기로 받아들이며 오늘도 사랑하는 법을 배우며 행복합니다.

꽃들이 아름다운 향기를 풍기기 위해서는 많은 비바람의 아픔과 시련 그리고 어둠의 시간을 견뎌야 하듯 우리의 삶 또한 그러할 것입니다. 이 세상이, 나의 내면의 뜰이 복잡하고 소란할 때면 꽃들의 고요함이 더욱 그립고 좋습니다. 향기는 침묵으로 많은 말을 합니다. 늘 고요히 깨어 있어야만 향기를 제대로 맡을 수 있음을 일러줍니다.

글에서나 삶에서도 아직 부족함이 많지만 어디서든지 믿음과 희망과 사랑의 향기를 이웃에게 전하는 작은 꽃 한 송이 되고 싶다는 바람을 기도처럼 품고 살기에 이 책의 제목은 매우 상징적으로 여겨지기도 합니다.

이 책은 그동안 월간 《샘터》에 연재했던 '해인의 뜨락'과 그 밖에 다른 지면에 실린 글들을 가려 뽑아 엮은 것이며 《사랑할 땐 별이 되고》(1997) 이후 5년 만에 나오는 산문집입니다.

늘 함께 호흡하는 수도원의 식구들, 기도로 뒷받침해주는 어머니와 형제들, 어린 시절의 벗들, 부족한 글들을 읽어주고 격려해주는 독자들, 정성을 다해 고운 책을 만드는 샘터 가족들과 아름다운 그림으로 함께해주는 화가 하정민 님께 깊은 고마움을 전합니다.

2002년 봄, 올리베따노 성 베네딕도 수녀원에서

이해인 수녀

작가의 말 | 6

제1장 ✿ 풀물 들이는 아침

꽃씨를 뿌리고 또 거두며 | 15
봄비 내리는 날 | 20
풀물 들이는 아침 | 22
향기로 말을 거는 꽃처럼 | 23
장미를 보면 장미가 되지 | 25
가슴에 별이 되는 시 | 27
초록의 기도 | 28
나무는 나에게 | 30
맛있는 하루 | 32
미열 | 33
늘 푸른 평상심을 지니고 | 34
은밀한 기쁨 | 36
어머니의 꽃골무 | 37
편지의 숲 속에서 | 38
좁은 문 넓은 마음 | 39
아파도 웃음이 나오네 | 40

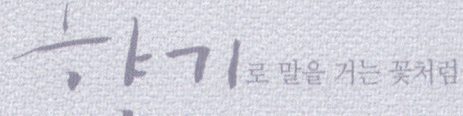

제2장 ❀ 합창을 할 때처럼

기차를 타면 | 45
오래된 물건의 향기 | 50
꽃을 닮은 사람들 | 55
수녀 이모 | 57
앞치마 이야기 | 63
어린이의 새 얼굴 | 67
합창을 할 때처럼 | 71
편지를 쓰세요 | 76
잊을 수 없는 스승 | 80
보이지 않는 슬픔 | 85
때론 눈물겹다 | 88
나의 길벗 | 91
넓게 더 아름답게 | 93
수첩을 펼치며 | 97
미국 여행길에서 | 98
해인글방의 글쓰기 | 102

제3장 * 지혜를 찾는 기쁨

마음에 사랑이 넘치면 | 109
시간을 내어주는 자유로움 | 110
마음으로 참아내기 | 112
나와의 약속 | 113
사랑을 키우는 좋은 말 | 114
고운 말 연습하기 | 120
귀 기울이는 사랑 | 127
마음을 위한 기도 | 133
숨을 곳을 찾는 여유 | 136
지혜를 찾는 기쁨 | 139
빈방 있습니까? | 144
오늘이 마지막이라면 | 149
감사하는 마음은 | 154
모든 게 감사해 | 158

제4장 ❦ 기도 일기

작은 일도 충실하게 | 165
항아리에 기쁨을 | 166
내 마음의 외딴 곳 | 167
행복할 이유 | 169
내 마음의 보물찾기 | 170
순례자의 노래 | 174
침묵의 외침을 듣게 하소서 | 181
모두 사랑하게 하소서 | 186
사랑을 재촉하는 지혜 | 191
진리의 애인 되게 하소서 | 192
제 안에 들어와 넓은 바다 되소서 | 195
잘 사랑한다는 것 | 197
12월의 촛불 기도 | 198
또 한 해를 보내며 | 203
새해의 약속은 이렇게 | 206
다섯 가지 결심 | 210

제5장 그리움이 되는 편지

편지 쓰는 사랑을 | 217

사소한 배려의 향기 | 224

겨울 바닷가에서 | 227

담 안에서 온 편지 | 231

조가비 편지 | 236

진달랫빛 마음으로 | 242

400년 전의 편지를 읽고 | 248

우정 일기 | 255

하와이의 벗들에게 | 261

향기로운 불꽃이 될 수 있도록 | 265

신발은 찾으셨나요? | 270

십 대들에게 바라는 생활 태도 | 274

기도 속에 사시는 어머니께 | 281

제1장 ❁ 풀물 들이는 아침

꽃씨를 뿌리고 또 거두며

'해인글방'이라는 이름을 붙인 나의 작업실 앞 빈터에 올봄엔 몇 가지 꽃씨를 뿌렸습니다. 너무 촘촘히 심었던 몇 그루의 나무들을 다른 곳으로 옮겨가고 난 빈터를 그냥 두기 허전해서 올해는 먼저 어머니가 보내주신 분꽃씨, 백일홍씨, 친지들이 편지 속에 넣어 보내준 나팔꽃씨와 과꽃씨들을 심었습니다.

비 온 뒤의 3월 어느 날 꽃씨를 뿌리면서 '부디 잘 자라서 내게 고운 얼굴 보여주렴.' 하고 기도했지만, 단단한 꽃씨가 아닌 풀풀 날리는 얇디얇은 나팔꽃씨를 내 어설픈 솜씨로 땅에 묻을 땐 '과연 싹이 돋고 꽃을 피울까?' 의심하는 마음이 들기도 했습니다.

처음엔 매일매일 열심히 꽃밭을 들여다보며 물도 자주 주고, 꽃삽을 들고 나가 손질도 하다가 바쁜 것을 핑계로 소홀한 적도 더러 있었습니다. 그러다가 며칠 동안 외출을 하고 온 어느 아침, 제일 걱정했던 나팔꽃들이 황홀할 만큼 아름다운 보랏빛 옷을 걸치고 활짝 웃고 있는 걸 발견했습니다.

"아니 웬일이야? 정말 곱다!"

나도 모르게 큰 소리로 반기며 감격스러워했습니다. 나팔꽃이 제일 먼저 피더니 이어서 백일홍, 분꽃, 과꽃도 차츰 정다운 모습을 드러냈고, 며칠 사이에 쑥쑥 키도 많이 자랐습니다.

꽃이 아름답다고 멀찍이서 감상하는 것과 흙냄새를 맡으며 직접 심어서 피운 꽃을 보는 것은 참으로 큰 차이가 있음을 새롭게 절감하면서 앞으로는 해마다 꽃씨를 심기로 다짐하였습니다. 뜰에 꽃씨를 뿌리는 것은 나의 삶에도 아름다운 희망과 기쁨을 뿌리는 것임을 다시 체험하고 싶기 때문이지요. 어떤 일로 매우 답답하고 우울해하다가도 내가 나름대로 정성 들여 가꾼 작은 꽃밭에서 꽃들의 밝은 웃음소리를 들으며 위로받은 적도 많았습니다. 사소한 일로 괴로워할 때마다 꽃들은 내게 이렇게 속삭이는 것 같았습니다.

"무얼 그걸 가지고 그래요? 봄 여름 가을 겨울 계절이 바뀌듯이 모든 것은 다 지나간다니까요…. 아파하는 그만큼 삶이 익어가는 것이라면서요. 그러니 제발 마음을 넓히고 힘을 내세요."

질 때는 뒷정리 잘하는 꽃
당번 활동 끝내고
꼭 짜놓은 물걸레처럼
꽉 오므리고 떨어지는 꽃
하루 내내

분필가루 날리던 칠판
깨끗이 닦아내고
내일 쓸 분필 하나 올려놓듯
뒷정리 잘하는 꽃
잘 여문 씨앗 하나 두고 간다
 - 이상문의 동시 〈뒷정리 잘하는 꽃〉에서

많은 꽃나무들은 때가 되면 꽃을 떨구면서 그 자리에 잘 여문 씨앗들을 사랑의 흔적으로 남깁니다. 나의 어머니나 친지들이 그들의 꽃밭에서 꽃씨를 받아 나에게 나누어주었듯이, 나도 이젠 흔한 꽃씨 한 톨이라도 소중하게 거두어 이웃과 나누는 기쁨을 누려야겠습니다. 군대에서 꽃씨가 필요하다고 글을 보낸 어느 독자에게, 자기 집 정원엔 꼭 우리 수녀원에서 거둔 꽃씨를 받아 꽃을 피우고 싶다는 해외의 어느 벗에게, 이젠 나도 어렵지 않게 꽃씨를 보낼 수 있게 되어 흐뭇하고 고마운 마음입니다.

내 작은 뜨락의 꽃들이 지면서 꽃 자리에 놓고 갈 그 씨앗들이 여물길 기다렸다가 어느 날 고운 봉투에 고운 마음으로 넣어 선물로 날려보낼 것을 생각하면 벌써부터 꽃마음으로 설레입니다.

도종환 시인의 시에 곡을 붙여 바오로딸 수녀님들의 고운 음성으로 음반을 내기도 했던 '꽃씨를 거두며'라는 노래를 나는 요즘 기도 삼아 자주 흥얼거려봅니다.

> 아이들과 함께 꽃씨를 거두며
> 사랑한다는 일은 책임지는 일임을 생각합니다.
> 사랑한다는 일은 기쁨과 고통, 아름다움과 시듦,
> 화해로움과 쓸쓸함
> 그리고 삶과 죽음까지를 책임지는 일이어야 함을 압니다.
> 시드는 꽃밭 그늘에서 아이들과 함께
> 꽃씨를 거두어 주먹에 쥐며
> 이제 기나긴 싸움은 다시 시작되었다고
> 나는 믿고 있습니다.
> - 도종환의 시 〈꽃씨를 거두며〉에서

이제 여름이 가고 가을이 오면 나도 꽃씨를 거두며 이 시인처럼 말할 것입니다.

"아, 그렇군요, 사랑한다는 일은 책임지는 일임을, 삶과 죽음까지를 책임지는 일임을, 꽃씨를 거두며 좀 더 잘 알아듣겠군요!"

봄비 내리는 날

오늘은 조용조용 봄비가 내립니다.
꽃과 나무들뿐 아니라 나도 너무 반가워 자꾸만 맞고 싶은 고운 비!
오랜만에 동시도 한 편 썼습니다.

봄비, 꽃비, 초록비
노래로 내리는 비
우산도 쓰지 않고
너를 보러 나왔는데
그렇게 살짝 나를 비켜가면
어떻게 하니?
그렇게 가만가만 속삭이면
어떻게 알아듣니?
늘 그리운 어릴 적 친구처럼
얘, 나는 너를 좋아한단다

조금씩 욕심이 쌓여

딱딱하고 뻐딱해진

내 마음을

오늘은 더욱 보드랍게 적셔주렴

마음 설레며

감동할 줄 모르고

화난 듯 웃지 않는

심각한 사람들도

살짝 간질여 웃겨주렴

조금씩 내리지만

깊은 말 하는 너를

나는 조금씩 닮고 싶단다

얘, 나도 너처럼

많은 이를 적시는

고요한 노래가 되고 싶단다.

- 나의 시 〈봄비에게〉

풀물 들이는 아침

식탁에서 쑥국과 돌나물을 먹으니 봄을 먹는 느낌. 매우 단순 소박하기 그지없는 수도원 식사는 늘 특별한 기쁨을 줍니다. 오늘 식탁에서의 대화는 풀 뽑기로 이어졌습니다. 아침에 잔디밭의 잡초를 뽑으며 마음이 아팠다는 우리 수녀님들. "그것도 운명인지? 뽑으라니까 뽑긴 하지만 잔디 속에 숨어 있는 그 새파란 풀들도 너무 이쁘더라. 걔네들이 만일 산에 있었으면 우리 손에 마구 뽑히지 않았을 텐데 말이야." 하는 말을 들으며 마음이 따뜻해졌습니다.

긴 잠에서 깨어나느라고, 게으름을 떨치고 일어서느라고 봄에는 왠지 몸이 힘듭니다. 봄을 타는 것인지? 그래도 날마다 마음에 풀물을 들이며 즐겁게 살아야겠지요.

향기로 말을 거는 꽃처럼

냉이꽃, 제비꽃, 민들레꽃, 봄까치꽃, 미나리아재비꽃…. 얼굴이 아주 작은 꽃들일수록 눈을 크게 뜨고 보아야 합니다. 어쩌면 작으니까 더 자세히 들여다보게 되는지도 모르지요. 보일락 말락 한 가장 작은 꽃 한 송이도 꽃술, 꽃잎, 꽃받침, 잎사귀 등이 완벽하게 조화를 이루고 있는 것을 보면 신기하다 못해 신비롭습니다. 꽃이 많은 집에서 꽃을 볼 수 있는 밝은 눈, 밝은 마음을 지닌 것에 새롭게 감사하는 나의 봄이여.

오늘은 유리창을 닦고, 연노란색 커튼을 새로 달고, 새소리에 맞추어 시를 읽으며 봄맞이를 했습니다.

어느 땐 바로 가까이 피어 있는 꽃들도 그냥 지나칠 때가 많은데, 이쪽에서 먼저 눈길을 주지 않으면 꽃들은 자주 향기로 먼저 말을 건네오곤 합니다. 내가 자주 오르내리는 우리 수녀원 언덕길의 천리향이 짙은 향기로 먼저 말을 건네오기에 깜짝 놀라 달려가서 아는 체했습니다. "응, 그래 알았어. 미처 못 봐서 미안해. 올해도 같은 자리에 곱게 피어주니 반갑고 고마워."라고.

  좋은 냄새든, 역겨운 냄새든 사람들도 그 인품만큼의 향기를 풍깁니다. 많은 말이나 요란한 소리 없이 고요한 향기로 먼저 말을 건네오는 꽃처럼 살 수 있다면, 이웃에게도 무거운 짐이 아닌 가벼운 향기를 전하며 한 세상을 아름답게 마무리할 수 있다면 얼마나 좋을까요?

장미를 보면 장미가 되지

하늘이 너무 맑고 바람도 단 날, 비 온 뒤의 맑음과 평화!
 "이런 날은 아무도 죄를 지을 수 없을 것 같지요?" 하고 내가 말했더니, "시인답게 말하네." 하며 다들 웃었습니다. 오늘은 이런저런 심부름만 하다가 하루가 다 갔습니다. 여러 사람들의 부탁을 내 처지에서 들어줄 수 있는 것만 골라 하는데도 하루가 모자라지요.

부산에서는 길에서도 장미를 많이 볼 수 있어 기쁩니다. 줄장미가 곳곳에 심어져 있는 거리에서 장미를 보면 장미 마음이 되지요. 뻐꾹새 소리가 나를 숲으로 불러낸 날, 한동안 잘 안 들리던 뻐꾹새 소리를 자주 들을 수 있어 반갑습니다. 장미 송이만큼 탐스럽게 핀 하얀 치자꽃들. 늘 어머니의 편지와 더불어 기억되는 아름다운 꽃들입니다.

많은 이웃을 불러모아 '백합 축제'를 지내고 싶을 만큼 해마다 더욱 늘

어나는 우리 집 백합들. 하나하나 다가가서 이름을 불러주고 싶은 마음. 올해도 씨를 날리고 내년에는 더 많이 피어날 테지요?

우리 '글방'을 들어가노라면 백합들이 양옆에서 나를 반겨주는 기쁨. "안녕?" 하면서 하얀 팔을 뻗어 인사하는 것 같은 느낌입니다. 마르지 않는 샘물처럼 시심이 퐁퐁 솟아나라고 축원해주는 백합들의 외침을 나는 들을 수 있습니다. 속을 깊이 들여다보니 꽃술 여섯 개. 그 안에서 개미들이 꿀을 모으고 있는 모습이 보입니다.

갈수록 패랭이꽃을 좋아하게 됩니다. 하나하나 눈여겨보면 얼마나 아름다운지! 빛깔, 무늬, 꽃술이 그토록 곱고 정교한 줄 미처 몰랐습니다. 약속 없고 숙제 없는 주일은 정말 고요하고도 평온합니다. 이 아름다운 주일의 행복을 누리는 것이 모처럼 주일에도 생업을 위해 바삐 사는 이들에겐 미안한 생각이 듭니다.

2미터도 채 안 되는 석류나무 한 그루가 내게 주는 기쁨. 상사화도 피어나기 시작했답니다. 지난 4월에 심은 과꽃씨가 드디어 싹을 틔워 기쁘지만 잡초 뽑기 작업을 할 때 누군가 뽑아버릴까 걱정이에요.

가슴에 별이 되는 시

밤길을 걸어오는데 주위가 하도 밝아 하늘을 올려다보니 보름달이 떠 있습니다. 둥근 달을 바라보는 마음엔 둥근 기쁨이 뜹니다. 바라보면 와서 안기는 달이여, 고요해서 좋은 달이여, 달님 옆의 별들도 얼마나 정다운지! 은하계 내부의 성운에 있는 분자 구름에서 새로운 별이 탄생하는 과정이 책에 소개되었는데, 어쨌든 별이라는 단어만 들어도 가슴이 뜁니다. 나의 새로운 책 제목에도 별 이름을 넣을 수 있도록 별 냄새가 나는 글을 써야겠어요. 한 편의 깊고 아름다운 시는 삶을 변화시킬 수 있음을 믿습니다. 시인은 사라져도 시는 남아서 우리의 가슴속에 별이 되어 뜨는 것을.

초록의 기도

소독약을 치는 바람에 집 안에 있을 수가 없어 느티나무 아래 앉아서 책도 읽고 글도 쓰며 좋은 시간을 보냈습니다. 바람 소리도 평소보다 귀여겨듣고 느티나무, 소나무, 호랑가시나무, 향나무, 전나무, 온갖 나무들의 따스한 눈길을 받으면서 초록빛 행복을 누렸습니다.

   사철나무: 노박덩굴과

   등나무: 콩과

   향나무: 측백나뭇과

   태산목: 목련과

   벚나무: 장미과

   호랑가시나무: 감탕나뭇과

   능소화: 능소화과

   종려나무: 야자나뭇과

   동백나무: 차나뭇과

꽃과 별과 새들처럼 나무들도 소속을 알고 제 이름을 불러주면 더욱 기뻐하겠지요?

뜰에는 내가 좋아하는 분홍빛 목백일홍이 조금씩 피어나는 여름. 숲은 온통 초록의 축제입니다. 산에 오르며 초록의 함성을 듣습니다. 나무들의 씩씩한 외침, 풀들의 조용한 외침. 안개가 끼었는데도 산은 아름답기만 합니다. 땅에서 마구 올라오는 풀들의 초록, 나무들의 초록, 내 마음의 초록. 그래서 기도도 내내 초록빛입니다.

뿌리들이 쥐고 있는 흙은 아프지 않을까
…
뿌리들의 푸른 노동 앞에서
저마다 제 생을 옮겨 심는 풀꽃을 보아라
아픈 삶이 마침내 아프지 않은 생이 됨을 보아라…

문득 이기철 시인의 〈아픈 삶, 아프지 않은 생애〉라는 시가 생각났습니다.

나무는 나에게

산길을 돌며 예전에 심은 메타세쿼이아metasequoia 나무가 너무 빨리 커버린 것을 바라보며 감회가 깊습니다. 나무는 나에게 늘 시를 주고 싶어 합니다. 내가 심은 나무가 나보다 더 커서 나를 내려다보는 아침. 나는 문득 그와 헤어질 어느 날을 생각하며 나직이 묻습니다. "내가 죽으면 네 옆에 묻힐까?" "글쎄…?" 왠지 곤란한 듯 선뜻 대답을 못 하는 나의 나무. 나무들 사이로 보이는 태양이 오늘따라 눈부셨어요. 나도 힘차게 일어서야지. 나도 하늘을 향해 올라가야지. 양쪽이 똑같이 평형을 이루어 잎사귀를 달고 있는 메타세쿼이아의 모습에서 '중용'이라는 단어를 새롭게 떠올려봅니다.

맛있는 하루

청소를 하고 난 후의 깨끗한 기쁨. 이러한 일상의 기쁨들을 많이 만들며 살고 싶습니다.

　주위 상황을 잘 살피는 큰 눈, 사람들의 말을 주의 깊게 듣는 예민한 귀, 스스로를 성실하게 가꾸어가는 맑은 마음, 남에게 이왕이면 기쁨을 줄 수 있는 말을 하는 사랑의 입을 지니도록 순간마다 노력하기로 해요!

　무슨 일부터 할지 모를 적엔 먼저 요일별로 정해놓고 '날마다의 숙제'를 하는 것도 괜찮은 방법입니다. 교안 준비하는 날, 쌓아둔 잡지들 살펴보고 도서실에 내는 날, 빨래하는 날, 편지 쓰는 날, 시 쓰는 날, 환자 방문하는 날, 어려운 이웃에게 전화 거는 날, 표시해둔 신문기사 오리는 날, 부탁 받은 심부름들을 우선적으로 챙기는 날, 미처 보지 못한 꽃·나무·별·산·바다를 더 자세히 바라보는 날, 옷 정리하고 바느질하는 날, 색종이로 무언가를 만들고 선물 포장하는 날 등….

　하루하루를 맛있게 재미있게 요리하는 방법을 경험으로 배우고 있습니다.

미열

나이들수록 미열이 잦아집니다. 늘 예고 없이 들어와 나를 힘들게 하는 미열처럼 삶에 대한, 사랑에 대한 내 미지근한 태도 역시 은근히 남을 괴롭히는 게 아닌지 문득 두렵습니다. 나도 이젠 여름옷을 입고 더 뜨거운 여름이 될 준비를 해야겠지요.

늘 푸른 평상심을 지니고

거울에 비치는 하얀 머리카락 몇 올이 낯설면서도 정다워 나 혼자 웃습니다. 세월이 생각보다 빠르게 가고 있다고, 남은 날들을 더 잘 살아야겠다고, 그래서 좀 더 현명해져야 한다고 흰머리카락이 조용히 일러줍니다.

오전에는 안내실 소임. 유리창을 통해 오가는 사람들 모습을 유심히 살펴보는 것 또한 재미있는 일입니다. 오후엔 옷장 정리. 무엇이든지 정리하는 동안은 그 일에 몰두하니 깨끗하고 즐거운 마음입니다. 누가 나에게 취미를 묻는다면? 각종 문서 자료들 모으기, 오리기, 나누기라고 대답할 것입니다. 아니면 숨겨진 기쁨을 발견해서 나누어주는 것!

오늘 차분히 서랍 정리를 했습니다. 모든 것이 기계화되고 자동 시스템으로 길들여진 오늘의 우리지만, 수도원 안에서의 생활은 너무 편리한 것보다는 오히려 불편한 것이 뜻밖에도 내적 자유를 줍니다. 그래서 때로는 일부러라도 남이 눈치채지 않게 작은 불편함을 선택하는 것이 현명합니다. 언제 어디서나 늘 푸른 평상심을 지니고 사는 한결같음이 갑자기 이루어지는 것은 아니니까요.

❀

늘 길을 떠나는 순례자의 모습으로 단촐하게, 간소하게!
좋은 일에도 너무 욕심을 부리지 말 것.
성실하게 겸손하게 웃으며 길을 갈 것!

❀

손님맞이를 할 때는 자신의 시간이 축나고, 하려던 일들이 더러 밀려나기도 하지만, 이 때문에 끌탕을 하거나 초조해지기보다는 마음을 평온히 갖는 게 좋습니다. 시간을 빼앗긴다기보다는 오늘을 함께 사는 사람으로서 사랑을 나누는 순간이라고 생각하고 시간을 쓰면 마음 안에 조용히 피어나는 기쁨이라는 꽃.

은밀한 기쁨

비가 쏟아질 것 같은 회색빛 날. 남이 모르는 아주 조그만 슬픔 한 방울 있었는데, 기도하고 나니 어느새 수증기로 증발해버렸습니다. 혼자만의 사소한 슬픔에 빠져 있기엔 무겁고 힘든 일이 너무 많은 세상에 살고 있음을 명심하기로 해요. "인생은 살기 어렵다는데, 시가 이렇게 쉽게 씌어지는 것은 부끄러운 일이다."라던 윤동주 시인의 말도 자주 기억나는 요즘. 나는 그나마 시도 쓰지 못하니 더욱 부끄럽습니다. 그러나 내가 희망을 품고 살아야 남에게도 작은 빛이나마 전할 수 있는 것이겠지요.

해녀가 바닷속 깊은 곳에서 귀한 전복을 발견하면 자기가 발견한 그 은밀한 기쁨을 소중히 간직하기 위해 냉큼 따버리지 않고 그 자리에 그대로 두고 온다고 합니다. 소중한 것을 숨기고 아끼는 그 마음씨에 대해 설명하는 라디오 방송을 듣다가 한참을 멍하니 앉아 있었습니다. 현대는 모든 것이 다 노출되어버려 진정 숨어 있는 것들, 은은한 아름다움에 대한 매력을 잃어버리고 사는 것 같아 안타까울 때가 많습니다.

어머니의 꽃골무

어머니가 두 딸을 만나시려 부산으로 오셨는데, 나는 부산역에 나가 언니 수녀님이 있는 가르멜 수녀원에 가실 수 있도록 안내만 해드리고 집으로 왔습니다. 검은 바탕에 잔잔한 꽃무늬가 있는 원피스에 하늘하늘한 겉옷을 걸치고 잔뜩 무거운 가방을 들고 걸어 나오시던 어머니.

무거운 짐 있으면 내어놓으시라고 했더니, 48년을 지니고 계시던 옛 성서 한 권을 건네주시며 결국은 유품이 될 것이니 기념으로 가지라고 하십니다. 언니에겐 그만큼 오래된 묵상 책을 준다 하시고…. 타박타박 전철을 타기 위해 걸어가시는 어머니의 뒷모습을 보며 생각했습니다.

'이 지상에서 엄마가 기차를 타고 우리를 만나러 오시는 날이 해마다 줄어드는 것일 텐데…. 앞으로 얼마나 더 오실 수 있을까?'

헤어짐에 대해 앞질러 생각하는 것은 안 좋은 습관인지 모르지만, 하여튼 이 생각을 하는 동안 나도 모르게 눈물이 핑 돌았습니다. 지난번에는 자투리를 버리기 아까워 만드셨다며 골무 20개를 선물로 주셨습니다. 너무도 완벽한 솜씨에 보는 이들마다 감탄하는 어머니의 꽃골무는 나의 보물 1호이기도 합니다.

편지의 숲 속에서

글을 쓰기 전에 마음 안에 고여야 할 물길이 트이지 않아 안절부절못하고 내내 고민하는 마음을 누가 알 수 있을까요? 때로는 아주 옛날에 쓴 단상 노트들을 펴보며 위안을 삼고 충전을 받기도 합니다. 읽는 이들에게도 맑음, 선함, 진실이 전달되는 글을 쓰려면 우선은 쓰는 이가 많이 힘들어야 되나 봅니다.

내가 자리에 없는 동안 꽃밭에는 더 많은 꽃들이 피어 있었지요. 내가 뿌린 수세미씨에서도 노오란 꽃들이 얼굴을 내밀고…. 나팔꽃들의 가지각색 모양은 황홀합니다. 여기저기서 꽃씨처럼 박아 쓴 사랑의 편지들도 많이 와 있습니다. 나는 기도하는 마음으로 그 사연들을 읽었고, 내 가슴 안에서 금방 꽃이 피어나는 소리를 들었습니다. 내가 보낸 편지를 받고 기뻐하는 독자들의 반응은 즉시 나타납니다. 그러고 보니 나는 늘 편지의 숲 속에 있었군요! 내가 살아 있는 동안은 편지 쓰기가 복음을 전하는 도구이기도 합니다.

좁은 문 넓은 마음

좁은 문을 통과하려면 마음이 넓어야만 합니다. 좁은 마음으로는 좁은 문으로 들어갈 수가 없답니다. 매사에 사랑을 넣어 행동하려고 노력해야만 마음이 아주 조금씩이라도 넓어질 수가 있음을 저는 매일 새롭게 체험합니다.

우리가 겸손에 대해 말하긴 너무도 쉽지만, 참으로 겸손하게 자신을 '아무런 기대 없이' 낮추는 것은 쉽지 않음을 갈수록 절감합니다. 자신의 잘못이나 허물을 아무 변명 없이 인정하고 받아들이는 온유함에도 꾸준한 연습이 필요합니다.

아파도 웃음이 나오네

간밤에 돌층계를 내려가 울퉁불퉁한 징검 돌들을 밟고 작업실로 가다가 앞으로 넘어졌는데, 다행히 뼈는 안 다치고 무릎에 약간의 타박상을 입었습니다. 침방에서는 휴지통을 비우고 일어서다 세면대 옆 책상 유리 모서리에 부딪쳐 오른쪽 이마엔 혹이 생기고….

아프면서도 웃음이 나오네. 보는 이마다 인사를 하니 부끄럽기도 하고…. 내가 덤벙대다 그런 줄 알면 더욱 놀라겠지요? 이 기념을 나는 '아픈 날의 일기'라는 제목으로 노트에 이렇게 적어두었습니다.

돌부리에 걸려 넘어져 무릎과 이마를 다친 어느 날 밤
아프다 아프다 혼자 외치면서 정신이 번쩍 들었습니다
편할 때는 잊고 있던 살아 있음의 고마움
한꺼번에 밀려와 감당하기 힘들었지요
자기가 직접 아파야만 남의 아픔 이해하고
마음도 넓어진다던 그대의 말을 기억하면서
울면서도 웃었던 순간 아파도 외로워하진 않으리라

아무도 모르게 결심했지요

상처를 어루만지는 나의 손이 조금은 떨렸을 뿐

내 마음엔 오랜만에 환한 꽃등 하나 밝혀졌습니다

제2장 합창을 할 때처럼

기차를 타면

부산에 살고 있는 나는 경부선 열차를 자주 이용하는 편입니다.
"안녕하십니까? 저는 손님들을 목적지까지 모시고 갈 기관사 ○○○입니다. 안전하고 편안한 여행이 되시도록 최선을 다하겠습니다." 하는 목소리도, "여러분, 우리 기차는 곧 목적지에 도착할 예정입니다. 잊으신 물건이 없는지 잘 살펴보시기 바랍니다." 하는 안내방송도 정겹게 들립니다.
'우리'라는 단어의 여운이 문득 모국에 대한 그리움을 자아내는 그 순간을 사랑합니다.

기차를 타면 우리나라의 사계절을 뚜렷이 보고 느낄 수 있어 좋습니다. 봄에는 진달래와 철쭉과 복사꽃이 가득한 산과 들을 바라보며 분홍빛 마음이 되고, 여름에는 하얗게 피어나는 아카시아와 태산목, 탱자꽃과 밤꽃 향기를 먼 데서도 가까이 차창 안으로 불러들입니다. 가을에는 불타는 단풍 숲과 벼이삭이 물결치는 황금빛 들녘에 황홀해하고, 겨울에는 눈 덮인 산천과 침묵의 강을 바라보며 마음이 깨끗해집니다.

"난 누가 뭐래도 사계절이 뚜렷한 우리나라가 제일 좋아."

혼자서 중얼거리며 창밖을 보면 산과 들이 "그래 그래." 하고 웃으며 손을 흔드는 것만 같습니다.

기차를 타면 생각할 시간이 많아서 좋습니다.

요즘은 여기저기서 울리는 휴대 전화가 고요한 분위기를 깨뜨릴 때가 많지만, 그래도 애써 참으며 눈을 감고 혼자만의 '생각 여행'을 떠나보는 즐거움이 있습니다. 이런저런 은혜로웠던 일들을 떠올리면서 짧은 감사의 기도를 바치고, 잘못한 행동에 대해서는 좀 더 깊이 반성하는 시간도 갖습니다. 한참 잊고 있던 옛일들이 문득 생각나 감회에 젖어보기도 하고, 자신이 걸어온 길을 객관적인 입장에서 살펴보는 지혜로운 판관이 되기도 합니다. 앞으로 해야 할 일들에 대한 구체적인 계획을 세우며 메모를 하고, 그동안 마음 깊이 담아두기만 했던 시상을 불러내어 종이에 옮겨 적는 여유도 가져봅니다.

기차를 타면 다양한 모습의 사람들을 만나 다양한 삶의 이야기를 듣고 배울 수 있어 좋습니다.

처음엔 옆자리의 사람에게 먼저 말을 건네기가 어색하고 힘들었으나, 요즘은 "어디까지 가세요?" 하고 늘 내가 먼저 자연스레 말을 건네곤 합니다. "사실은 어려워서 어쩌나 했는데, 먼저 말을 건네시니 편해요. 커

피 한잔 드시겠어요?" 하는 이웃의 모습은 내가 예전부터 알던 사람처럼 정답게 여겨집니다.

자기가 지금껏 성장해온 과정, 가족관계, 여러 종류의 고민과 갈등을 비밀스러운 부분까지도 스스럼없이 나에게 털어놓으며 기도를 청하는 이들의 솔직하고 순박한 모습에서 감동과 자극을 받습니다. 때로는 다른 좌석의 사람들까지 찾아와서 기차 안에 있는 환자를 위해 기도를 부탁할 적에는, 내가 아직 기도의 전문가가 아닌 사실을 못내 부끄러워하며 가만히 손만 잡아주고 옵니다.

서로 이름과 주소를 주고받으며 다음 만남을 약속하는 경우도 없진 않으나, 대부분은 가볍게 인사를 나누고 헤어지니 서로에게 편안하고 부담이 없습니다. 차에서 내릴 적에 나의 짐을 들어주는 사람들 중에는 내가 광안리에 있는 수녀원에 산다니까 "저는 평소에 이해인 수녀님의 글을 좋아해서 그분께 편지까지 쓴 일도 있답니다." 하며 설마 당사자인 줄은 모른 채 내 앞에서 내 이야기를 들려주는 이들도 더러 있습니다.

기차를 타면 욕심을 버린 작은 순례자의 마음이 됩니다.
"안녕히 가세요!" "잘 다녀오세요!" 하는 인사말을 자연스럽게 주고받는 곳. 우리의 삶은 만남과 이별의 연속임을 더욱 실감나게 하는 곳.
기적 소리를 울리며 달리는 기차와 함께 내 마음도 끝없이 달려가는 시간.

여행이 주는 한 줌의 쓸쓸함을 즐겁게 맛들이는 시간.
작은 순례자인 나는 내 마음을 향해 나직이 속삭여봅니다.
'마음이여, 좀 더 단순하고 가벼워져라.'
'마음이여, 좀 더 겸손하고 자유로워져라.'
'인생이라는 기차 안에서 완전히 내리기 전에 먼저 용서하고 화해하는 연습을 부지런히 하여라.'

눈물이 나면 기차를 타라고 어느 시인은 말했지요. 사랑을 하고 싶으면 기차를 타라고 나는 말해야겠어요. 혼자만의 기차 여행도 아름답지만, 가까운 벗이 옆에 있는 여정 또한 즐거우리라.

우리 함께 기차를 타요
도시락 대신 사랑 하나 싸들고
나란히 앉아 창밖을 바라보며
서로의 마음과 마음을
이어서 길어지는
또 하나의 기차가 되어
먼 길을 가요.
– 나의 시 〈기차를 타요〉

오래된 물건의 향기

수도원이나 학교에서 진행하는 문학수업 시간에 나는 가끔 나뭇잎, 조가비, 돌멩이 등을 교실에 들고 가서 학생들이 원하는 것을 하나씩 선택하게 한 다음, 각자가 나름대로 관찰한 것을 짧은 시, 편지, 단상 형식으로 적어 내게 하는 작업을 하는데, 매우 독특하고 재미있는 표현들이 많이 나옵니다.

또 어떤 때는 현재 자기가 지니고 있는 만년필, 볼펜, 시계, 반지, 안경, 손수건, 가방 등의 물건 중 하나를 선택해서 그 물건에 얽힌 사연이나 느낌을 대화 형식으로 적어보라고도 합니다. 그러면 자신이 경험한 이야기에다가 풍부한 상상력까지 보태서 한 편의 아름다운 동화가 만들어지는 경우도 있습니다.

우리가 주변의 사물을 대하고 어떤 물건을 사용하는 데도 사랑과 정성, 성실한 예의가 필요하다는 생각을 요즘은 더욱 자주 하게 됩니다. 무엇이든지 너무 많고 흔해서인가요? 예전과 달리 물건 귀한 것을 자주 잊고 사는 오늘의 우리들입니다.

그래서 한참을 더 쓸 수 있는 물건들도 너무 쉽게 버리고, 싫증이 나면 이내 새것으로 바꾸는 경향이 있습니다. 늘 새 물건만 좋아하는 듯한 이들에게 함부로 버리기 전에 다시 한번 잘 생각해보라고 부탁하고 싶을 때가 많습니다.

우리 주위의 사람들뿐 아니라 모든 사물들에도 애정을 느끼는 따스함을 지니고 곱게 길들이는 습관을 지니라고….

자기가 열심히 사용하던 물건을 더 이상 못 쓰게 될 때는 "그동안 고마웠어요!"라고 감사의 작별인사를 한 다음에 버리는 연습을 해보자고 이야기합니다.

며칠 전 책상 서랍을 정리하다가 30년 전에 서울의 어느 문구사에서 구입해 쓰기 시작했던 구멍 두 개짜리 펀치를 발견하고 매우 반가웠습니다.

내 이름과 함께 그것을 산 해(1970년)까지 적어둔 푸른 빛깔의 자그만 펀치. 한동안 쓰지 않아 뽀얀 먼지가 끼어 있고 약간은 녹이 슬기도 한 펀치를 보니 새삼 반가워서 주의 깊게 들여다보았습니다.

"주인님, 안녕하세요? 너무 오랜만이지요? 전에는 해외 여행에도 나를 데려가고 여러모로 즐겨 쓰시더니 요즘은 너무 무관심하십니다."라고 말을 건네오는 것 같기도 했답니다.

멋진 카드가 귀하던 시절엔 여러 잡지의 고운 그림들을 오려두었다가 펀치로 찍어낸 색색의 동그라미들로 꽃이나 글자를 구성해 카드를 만들며 즐거워했던 기억도 새롭게 떠올랐습니다.

좀 낡긴 했어도 오랜 세월 정이 든 데다가 아직은 쓸 만하기에 앞으로도 나는 굳이 새것을 사지 않을 예정입니다. 한동안 사용하지 않았던 나의 펀치를 눈에 잘 띄도록 책상 위에 놓아두니 그가 기뻐서 웃는 소리가 들리는 것 같습니다.

이 펀치와 같은 해부터 내가 사용했던 여러 빛깔의 색연필들도 오래되어 허름해진 네모난 상자 속에서 가만히 추억에 잠긴 듯 나를 바라보고 있습니다.

"편지 쓸 적마다 우리가 없었으면 곤란했겠지요? 이젠 이렇게 키가 줄어들고 있어 사라질 날도 얼마 안 남았지만…. '사랑의 편지 쓰기'에 자주 애용해주어 기쁘고 고마웠어요…."라고 말하는 것만 같습니다. 30년이나 사용한 색연필은 너무 빨리 닳아버리는 게 아쉬워서 일부러 새것을 두 개나 구해놓고 번갈아가며 쓰고 있는 중이에요.

"그 나이에 아직도 색연필로 아이 같은 그림을 그리세요? 20년 전이나 지금이나 변함없으신 게 신기할 정도입니다."

색연필 편지를 받은 독자나 친지들이 가끔 나에게 던지는 말입니다.

나와 오랜 세월을 함께해온 사소한 일상용품들에서 내가 느끼는 은은한 우정의 향기. 사람도 오래 사귀어야 서로·말이 필요 없는 편한 사이가 되듯이 사물들 또한 그러한 게 아닐까?

우리가 꼭 필요해서 사용하는 여러 사물들과도 오래 사귀면 친해지고, 서로를 알아듣는 신뢰가 생기게 마련입니다.

조금은 서먹하고 낯설기만 한 '새것'이 줄 수 없는 '헌것'의 아늑함과 평화로움을 나는 더욱 귀하게 여기리라. 오래되어 더욱 반갑고 정겨워진 물건들을 절친한 친구 대하듯 자주 찾아서 더 많이 사랑하고 조촐한 정을 나누며 살고 싶습니다.

입고 나서 보니 이미 기워 입은 위의 내의가 형편없이 해졌습니다. 금방 버릴 수도 있겠으나 그래도 아직은 버리기 아까운 마음. 정들었던 사물과의 헤어짐도 이렇듯 서운한데 사람과 사람의 헤어짐은 더욱 가슴이 아릴 수밖에 없습니다. 낡은 옷장, 낡은 구두, 낡은 손수건, 낡은 공책…. 낡고 허름한 것이 주는 편안함을 새것과 바꾸기도 생각만큼 쉽질 않네요. 사람에게서도, 사물에게서도 새것보다는 오히려 헌것, 낡은 것에서 정다움과 편안함을 느낍니다. 새것이 두려운 이유는 나이 때문인지요.

꽃을 닮은 사람들

요즘은 일주일에 두 시간, 대학에 가서 학생들과 여러 종류의 좋은 시들을 함께 읽고 이야기하는 작은 선생님이 되었습니다. 효주, 혜련, 은아, 민정, 미나, 은애, 영주, 지현, 여울, 길영, 현우, 정우…. 꽃 이름 부르듯이 많은 학생들의 이름을 부를 적마다 나는 '시 읽어주는 수녀' '꽃엄마'가 된 것 같은 느낌입니다.

시를 늘 어렵게만 생각하는 학생들이 시를 차츰 친근하게 여기고, 그들의 삶에도 시가 스며들 수 있도록 도움을 주고 싶은 것이 나의 바람입니다. 긴 언덕을 올라 교실로 향하는 나의 발걸음은 작은 애인들을 만나러 가는 듯 설렘으로 가득합니다. 예쁜 책갈피, 사탕, 솔방울, 조가비, 시가 적힌 종이… 늘 줄 것이 많아 행복한 마음.

흙냄새 맡으며 꽃씨를 심던 오늘, 내가 좋아하는 타고르의 시 〈꽃의 학교〉 중 가장 기억에 남는 구절을 읊으며 봄의 꽃을 닮은 나의 학생들을 생각했습니다.

어머니, 꽃은 땅속의 학교에 다니지요.

꽃은 문을 닫고 수업을 받는 거지요.
아직 시간이 끝나지도 않았는데 밖으로 놀러 나가려면
선생님이 한쪽 구석에 세워두는 거지요.
비가 오면 쉬는 거예요.
숲 속에서 나뭇가지가 부딪치고
잎은 심한 바람에 솨아솨아 소리지르며
천둥 구름이 큼직한 손을 두드려 손뼉을 쳐요.
그 순간 꽃의 어린이들은 일제히 뛰어나옵니다.
분홍빛, 노랑빛, 하이얀 빛깔의 옷을 입고서.

- 타고르의 시 〈꽃의 학교〉

시성 타고르가 세운 인도의 산티니케탄에 있는 '숲 속의 학교'를 방문했을 때, 나는 타고르의 시들을 아름답게 낭송하는 학생들을 부러워했습니다. 그곳에 머무는 동안 너무 많은 꽃향기에 취해 한참이나 꽃멀미를 했던 기억도 새롭습니다.

수녀 이모

이모라는 말에는 늘 엄마를 닮은 그리움이 담겨 있습니다. 이모라는 말에서는 따스한 봄햇살도 느껴지고, 연두색 미나리 향기가 나고, 고향의 풀피리 소리도 들려옵니다.

언제부터인지 부쩍 이모라는 말이 듣기 좋아졌습니다. 나의 조카들이 "이모!" 하고 부르는 말도 듣기 좋고, 친구의 아들딸들이 엄마의 친구라고 해서 그냥 편하게 이모라고 부르는 것도 정겹게 여겨집니다.

이모는 엄마를 닮아서 참 좋다
통통한 손가락이랑 목소리도 닮았다
키를 낮추며 내 눈을 빤히 볼 때는
엄마와 정말 똑같다
그러다 화들짝 웃을 때는 엄마보다 더 예쁘다

이모는 심부름도 안 시키고
꾸짖지도 않는다

나만 보면 좋아라 한다

버스를 타고 이모 집에 갈 때는

이모가 빨리 보고 싶다

이모야, 하고 부르면

급하게 뛰어나오며

이모도 내 이름을 부른다

그동안 잘 있었냐

무얼 먹고 싶으냐

내 마음을 들여다보듯

이것저것 물을 때는

기분이 저절로 좋아진다

이모는 엄마 동생이지만

이모가 언니 같다.

― 윤정순의 동시 〈이모〉

〈부산일보〉 신춘문예 동시 당선작인 〈이모〉라는 시를 읽으며 나도 잠시 이모에 대한 추억으로 즐거웠습니다. 지금은 이 세상에 안 계시지만 늘 푸근하고 어질기 그지없던 이모가 좋아, 나는 어린 시절에도 먼 길을 걸어 동생과 함께 이모 댁에 자주 놀러가곤 했습니다. 이모가 세상을 떠나고 나니 이종사촌 형제들과도 자연히 멀어지고 말았습니다. 배움이 부

족했으나 교수인 남편을 충실히 섬기고 아이들을 위해서도 매사에 희생적이며 정이 많았던 이모의 유난히 큰 눈과 따뜻한 미소가 아직도 눈에 선합니다.

어떻게 시작되었는지는 모르지만 형편이 어려운 동네 공부방에서 아이들을 가르치는 대학생들을 남자는 삼촌으로, 여자는 이모라고 부릅니다. 수녀원에 살다가 나가서 결혼하지 않고 혼자 사는 이들을 부를 호칭이 마땅치 않을 때 역시 우리는 이모라고 부르곤 합니다. 편지를 쓰다가도 선생님이나 자매님이라는 호칭보다는 좀 더 다정하게 부르고 싶은 연장자가 있으면 나는 '이모님 같으신 ○○○님께'라고 써봅니다. 그러면 한결 정답고 부드러운 느낌이 들거든요.

어쩌면 수녀는 이모 같은 존재가 아닐까요? 엄마만이 해야 할 몫을 대신할 순 없지만 누군가 자기를 필요로 하는 이들에게는 편애하지 않고 골고루 푸근하고 넉넉한 사랑의 손길을 펼치려는 사람, 아낌없이 잘해주지만 어떤 대가를 바라서는 안 되며 언제라도 잊힐 준비가 되어 있는 사람, 사람들과 정을 나누되 정에 너무 매이면 안 되는 서늘한 지혜를 배우고 익히는 사람, 비록 결혼을 하진 않았지만 가정 이야기를 비롯해 세상의 온갖 이야기를 정성껏 들어주며 사람들과 함께 웃고 울 준비가 되어 있는 사람. 수녀 이모.

참으로 이상적인 이모 노릇을 하기는 그리 쉽지 않지만, 그래도 세상엔 이러한 이모들이 할 수 있는 일들이 꽤 많은 듯합니다. 물론 평생을 밖에 나오지 않고 단순 노동을 하면서 기도에만 몰두하는 이모들도 있지만, 대부분은 이런저런 소임에 몸담고 있습니다.

나처럼 주로 글을 쓰고 가르치는 일을 하는 이모도 있지만 일부러 농촌에 가서 농사를 짓는 이모, 도시 빈민들과 함께 판자촌에서 생활하는 이모, 노숙자들에게 밥을 지어드리는 이모, 부모 없는 아이들을 돌보는 이모, 가출한 청소년들과 함께 생활하는 이모, 미혼모를 돌보는 이모, 노인이나 환자들을 돌보는 이모, 지체 장애인들에게 바느질을 가르치며 함께 생활하는 이모… 이모가 하는 일은 매우 폭넓고 다양합니다.

엄마 대신이지만 엄마처럼 정성스러운 마음으로 각자 맡은 일에 최선을 다하는 수녀 이모들을 볼 때면 나도 문득 고마운 생각이 듭니다. 나야 이름이 밖으로 조금 더 알려진 작은 이모지만, 드러나지 않게 숨어서 대단한 일을 하는 이모들이 많아서 자랑스럽습니다. 가끔 억울한 일을 하소연해오는 이들에게 나는 별로 큰 힘도 못 되어주고 속을 끓일 때가 많지만, 더 능력 있고 지혜로운 이모들과 연결해서 문제를 해결해주는 기쁨도 있습니다.

일을 잘하느라고 해도 가끔은 실수를 하고, 기대가 너무 커서 실망을 했다거나 불평하는 소리를 들으면, "수녀들도 약점을 지닌 인간인 것을 널리 이해해주세요. 그래도 자칭 천사가 되겠다는 수녀 이모들이 세상에 있다는 게 다행이잖아요? 낳은 엄마가 버린 아이들도 우리가 돌보잖아요." 하고 사람들에게 열심히 변명하는 내 모습을 봅니다. 오늘도 나는 중간 역할을 슬기롭게 잘하는 이모, 마음은 뜨겁지만 표현은 담백하고 수수하게 할 줄 아는 이모, 늘 약한 이들의 편에 서는 용기 있는 이모, 맡은 일에는 끝까지 성실과 겸손과 인내를 다하는 이모, 그리고 항상 웃음을 잃지 않아 더욱 사랑받는 작은 수녀 이모가 되고 싶습니다.

앞치마 이야기

나는 앞치마를 매우 좋아합니다. 그래서 누군가 내 마음에 드는 앞치마를 입고 있으면 "그 앞치마 참 예쁘네요!" 하고 꼭 한마디라도 인사를 건넵니다. 길을 가다가도 앞치마를 파는 곳이 있으면 잠시 들어가 사지도 않으면서 이것저것 구경을 하고 나옵니다.

수도자의 신분이라 너무 고운 빛깔이나 화려한 무늬의 앞치마는 입을 수가 없지만, 그래도 나는 앞치마 욕심이 많아 아마 남보다 몇 개는 더 지니고 있을 것입니다. 멀리 떠나는 여행길에도 나는 꼭 앞치마를 챙겨 넣어야 마음이 놓입니다.

앞치마를 입으면 왠지 마음 한 모서리가 좀 더 다소곳해지고, 겸허해지는 것 같아 좋습니다. 누군가를 위해 기꺼이 봉사하고 싶은 순수한 열정이 솟아오른다고 할까. 하여튼 앞치마를 입으면 내가 더욱 준비된 사람, 깨어 있는 사람으로 느껴져서 좋고, 허드렛일도 마다 않는 수수한 생활인이 되라고 나를 초대하는 것 같아서 행복합니다.

내가 전부터 즐겨 입던 푸른 줄무늬의 앞치마는 청소하고 빨래하고 밭일을 할 때 입고, 검은 앞치마나 회색 앞치마는 사무실에서 일할 때

입습니다. 앞치마는 다용도로 쓰이기에 더욱 즐겨 쓸 가치가 많은 편입니다. 식탁에서 입으면 턱받이의 역할을 해주고, 두 손으로도 다 들기 어려운 물건들이 많을 땐 싸안고 다니는 보자기의 역할을 해주고, 야외에서는 방석이나 모자의 역할도 대신해줍니다. 예술적 그림이 그려진 것은 때로 임시 식탁보나 커튼 대용으로 쓸 수도 있습니다.

어쩌다 손님들이 찾아와 함께 사진을 찍을 때면 우리 수녀님들은 내가 입던 앞치마를 벗고 찍으라고 성화지만, 나는 그냥 입고 찍을 때가 많습니다. 앞치마를 입고 찍은 사진 속의 나를 들여다보며 빙그레 웃어보는 오늘. 살아 있는 동안 앞치마를 즐겨 입으며 소박하게 살다가 소박하게 떠나고 싶다는 소망을 새롭게 하면서 앞치마를 노래한 나의 시를 다시 한번 읊조려봅니다.

　　삶이 지루하거든
　　앞치마를 입으세요

　　꽃밭에 물을 줄 땐
　　꽃무늬의 앞치마를

　　부엌에서 일을 할 땐
　　줄무늬의 앞치마를

청소하고 빨래할 땐
물방울무늬의 앞치마를
입어보세요

흙 냄새 비누 냄새 반찬 냄새
그대의 땀 냄새를 풍기며
앞치마는 속삭일 거예요

그대의 삶을
있는 그대로 받아들이라고
조금 더 기쁘게 움직여보라고

앞치마는 그대 앞에서
끊임없이 꿈을 꾸며
희망을 재촉하는
친구가 될 거예요
때로는 하늘과 구름도
담아줄 거예요
- 나의 시 〈앞치마를 입으세요〉

어린이의 새 얼굴

아기가 들어와

아침 하늘을

얼굴로 연다

아기는

울고 나도 새 얼굴

먹고 나도 새 얼굴

자고 나도 새 얼굴

하늘에서

금방 내려온 새 얼굴

- 김광섭의 시 〈새 얼굴〉

〈새 얼굴〉을 읽고 나면 우리의 입가에도 마음에도 맑고 선한 웃음이 피어납니다. 시집 《성북동 비둘기》로 유명한 작고 시인 김광섭 님은 당신의 손자나 손녀의 사랑스러운 모습을 지켜보며 이 시를 쓰지 않으셨을까 싶어요. 이 짧지만 뜻깊고 아름다운 시를 나는 이미 여러 사람에게 적어주었습니다. 특히 누가 아기를 낳았으니 축하해달라고 할 때나 생일을 맞는 아기를 축하해주고 싶을 때는 이 시를 직접 읽어주거나 편지에 적어보내곤 합니다. 잔뜩 심통이 나서 울어도, 무얼 먹다가 흘려서 얼굴이 지저분해도, 잠을 자고 일어나 게슴츠레해도 아기의 모습이 늘 새롭고 사랑스러운 것은 그의 죄 없는 순결함과 천진함 덕분일 것입니다.

나는 평소에 어린이 친구들이 삐뚤빼뚤 그려준 글씨나 그림들을 모아두었다가 그 애들이 큰 다음에 선물로 되돌려주기도 합니다. '어린이는 모습을 바꾼 하늘의 천사'라는 말을 자주 기억하면서 어린이의 순수한 마음과 눈길을 그리워합니다.

나에겐 요즘 눈앞에 자주 어른거리는 아기 친구가 있습니다. 그 애 이름은 '이지수'이고, 며칠 전에 두 돌을 지냈습니다. 아기의 생일에 맞춰 내가 '엘리사'라는 세례명도 지어주었지만, 정작 직접 만난 것은 얼마 되지 않았습니다. 나의 쌍둥이 조카 중 하나인 진이가 낳았으니 그 아이에게 나는 고모 할머니인 셈인데, 아무리 사귀어보려고 해도 낯을 가리는 바람에 좀체 가까이할 수가 없었습니다. 처음 보는 사람인 데다가 내가 입은 특이한 옷차림 때문에 더 가까이 오길 꺼리는 눈치였습니다. 그 아이의 마음에 들어보려고 인형도 사주고 노래나 율동을 해가며 애를 써도 거들떠보지 않더니 몇 차례의 만남이 거듭되면서 차츰 눈길을 주기 시작했습니다.

어느 날 비로소 그 애가 나의 존재를 인식하고 아주 서툰 발음으로 "고모니이…." 했던 순간, 나는 얼마나 기뻤는지 모릅니다. 마치 짝사랑 하던 애인이 처음으로 이름을 불러줄 때의 설렘이 그와 같을지…. 게다가 내가 제 엄마에게 하는 이야기를 가만히 듣던 중 갑자기 큰 소리로 "차마로" "차마로" 하면서 내가 "참말로"라고 말하는 것을 계속 따라 하는 것이었습니다. 아마도 그 말이 매우 신기했거나 못 들어본 말이라서 새롭게 여겨졌던 모양입니다.

그 후로 나는 '참말로 고모 할머니'로 통해서 요즘도 갓 두 돌 지난 지수와 곧잘 통화를 합니다. 아직은 '차마로'와 '고모니' 단 두 마디로 매우 제한된 이야기를 하지만, 언젠가는 더 다양한 단어로 깊은 대화를 주고받을 수 있겠지요. 내가 '해님'이라고 이미 지어준 아이디로 그 애와 정다운 이메일을 주고받을 날도 기대해봅니다. "내가 이 아이와 많은 대화를 하려면 아주 오래 살아야겠지?" 했더니, 아이 엄마는 웃으며 "고모, 우리 지수가 텔레비전을 보다가도 그림책을 보다가도 수녀님들이 나오면 '고모니'를 외치면서 '차마로' '차마로' 해요…." 합니다. 가끔은 타월로 얼굴을 동여매고는 "고모니" "고모니" 하고 외치기도 한답니다. 내게는 그것이 어떤 그리움의 표현으로 여겨져서 반갑기만 합니다.

뚜렷한 이유도 없이 마음이 복잡하고 울적해질 때면 지수의 수정처럼 맑고 큰 눈을 생각합니다. 휘파람새를 닮은 그 밝고 힘찬 웃음소리를 생각합니다. 누구의 눈치도 보지 않는 그 단순하고 거리낌없는 자유의 몸짓을 떠올리며 빙그레 웃어봅니다. 손님이 많이 온 자리에서 다들 이야기에만 정신이 팔려 있을 적에 슬며시 기어와서 손님의 손을 녹차 잔 가까이 끌고가 어서 마시라는 신호를 보내던 아이. 집 안의 미끄럼틀에 올라가 홀로 미끄럼을 타고 나서 주위의 반응이 썰렁하자 스스로 박수를 치며 가족들의 환호를 끌어내던 아이. 그 아이는 어느새 온 가족에게 기쁨을 선물하는 웃음 천사, 위로 천사가 되었습니다.

세상을 2년밖에 안 산 아이치고는 기억력이 빼어난 게 신기하고, 자기의 의사를 아직 말로는 잘 전달하지 못하면서도 다른 사람의 말은 너무 빨리 알아듣는 지혜로움에 새삼 탄복하기도 합니다.

20여 년 전 내가 필리핀에서 귀국할 때 공항에서 환영의 꽃다발을 들고 서 있다가 생전 처음 보는 나를 그토록 낯설어하던 조그만 조카애 진이. 세월이 흘러 결혼을 한 그 애는 이제 훌륭한 엄마가 되었습니다. 그 조카애가 낳은 이 조그만 첫아기를 통해 나는 놀라운 창조의 신비와 생명의 기쁨에 동참하며 행복해집니다. 수도자가 아기를 너무 예뻐하면 좀 곤란하다고 충고하는 이도 더러 있지만, 어찌 이 죄 없는 어린 천사를 예뻐하지 않을 수 있을까요? 오늘도 새로워지라고 재촉하며 나를 빤히 쳐다보는 아기의 새 얼굴 앞에서 새 마음, 첫 마음을 새롭게 피워 올리며 나의 길을 가리라 다짐합니다.

합창을 할 때처럼

여중 시절. 교내 합창대회에서 우리 반이 일등을 한 적이 있었는데, 그때 친구들과 새벽마다 모여서 연습하며 합창의 아름다움에 빠져들던 순간을 즐거운 추억으로 간직하고 있습니다.

어쩌다 한번씩 음악회에 가더라도 나는 독창회보다는 합창회를 더 좋아하는 편입니다.

언젠가 매우 유명한 러시아 여자 성악가의 독창회에 간 일이 있는데, 그녀가 노래를 매우 잘 불렀음에도 중간에 자리를 뜨는 이들이 더러 눈에 띄었습니다. 아무리 노래를 잘하는 이의 목소리도 한 시간 이상을 계속 듣다 보면 지루한 느낌이 드는 것도 사실입니다.

수도원에서는 일상의 기도도 노래로 부를 때가 많은데, 특히 부활절이나 성탄절에는 평소에 부르기 어려운 합창 미사곡을 연습해서 부르곤 합니다. 남성의 소리가 빠진 여성 3부 합창은 그리 웅장하진 않아도 나름대로 청아하고 순결한 느낌을 줍니다. 이 노래를 들으려고 꽤 많은 교우들이 일부러 수녀원 미사에 참여하기도 합니다.

"아무리 한솥밥을 먹어도 그렇지, 어쩌면 그렇게 많은 분들의 음성이 한결같이 하나일 수 있는지 정말 신기할 정도예요."

"무어랄까, 말로는 표현하기 힘든… 아주 독특한 아름다움을 지녔다니까요."

가끔 우리 노랫소리를 들은 이들의 이와 같은 말을 들으면 "아이, 뭘요. 저희는 전문가도 아니고… 어쩌다 들으시니까 그렇지요…."라며 적당히 얼버무리지만, 그래도 은근히 기쁜 마음입니다.

높은 음의 소프라노는 소프라노대로 낮은 음의 알토는 알토대로, 그리고 높은 음과 낮은 음 사이에서 다리 역할을 해주는 중간음의 메조는 메조대로 각자의 역할을 충실히 해냄으로써 이루어내는 그 아름답고 겸손한 합창의 조화를 나는 늘 새롭게 사랑합니다.

다른 파트가 솔로를 하는 동안은 잠시 호흡을 가다듬고 쉴 수 있으나 절대로 방심할 수 없는 긴장감을 합창에서 배웁니다. 자기 차례가 올 때까지 고요하고 참을성 있게 깨어 있는 기다림과 인내를 합창에서 배웁니다. 다른 이의 목소리에 조심스레 귀를 기울이는 예민함과 지혜를 합창에서 배웁니다. 목소리가 빼어나도 혼자서만 튀지 않고 다른 이와 맞추어가는 겸손과 양보를 합창에서 배웁니다.

그러나 여러 사람의 개성 있는 목소리들이 서로 다르면서도 한 목소리로 아름다운 조화를 이룰 때까지는 얼마나 고된 연습과 훈련을 거듭해야 하는지요.

아주 높은 음을 내는 목소리도, 가장 낮은 저음을 내는 목소리도, 적당한 중간 목소리도 합창에서는 다 나름대로 쓸모가 있으니 좋습니다. 누구도 내침을 받지 않는 평등함이 마음을 넉넉하고 따뜻하게 해줍니다. 늘 메조 파트에 해당하는 나는 한때 맑고 고운 음을 내는 소프라노를 부러워했으나, 지금은 나의 목소리에 그런 대로 만족하고 있습니다. 노래를 잘 부르진 못해도 동요 정도는 무난히 불러 때로는 지인들에게 웃음을 선사할 수 있음 또한 고맙게 생각합니다.

가정에서, 사회에서, 교회에서 공동체를 이루어 사는 우리의 삶 또한 합창을 닮았다고 생각합니다. 이제 또 한 번의 새 달력을 벽에 걸면서 나는 오늘 이렇게 기도해봅니다.

합창을 할 때처럼
오늘도 저에게
새날을 주시니 감사합니다
삶의 무대 위에 다시 한번
저를 세워주시니 감사합니다

합창을 할 때처럼
이기심을 버리고
절제하는 기쁨으로

매일을 살게 해주십시오

합창을 할 때처럼
다른 사람들을 존경하고
그들의 소리와 행동에 귀 기울이는
사랑의 인내를 실천하게 해주십시오

합창을 할 때처럼
틈새의 침묵을 맛들이면서
때를 기다릴 줄 아는
겸손을 배우게 해주십시오
그리고 무엇보다
즐겁게 노래하는 마음으로
삶의 길을 걷게 해주십시오.

편지를 쓰세요

강원도에 벌써 첫눈이 내렸다고 합니다. 기온이 떨어져 마음마저 춥게 느껴지는 요즘, 어느 수녀는 부산 광안리 바닷가에 나가 가출 소녀들을 데려다 보살피는 일을 하고, 어느 수녀는 무료 급식소에서 열심히 밥을 지어 노숙자들을 대접하며, 또 어느 수녀는 지체 장애인 맞벌이 부부의 자녀와 무의탁 노인들을 보살피느라 여념이 없습니다. 이 모두가 우리 모두를 대신해서 하는 일이지만 어려움을 무릅쓰고 이웃 사랑에 헌신하는 그들의 모습이 존경스럽습니다.

　나는 그렇게 큰일은 못 하지만 시간 나는 대로 부지런히 편지 쓰는 일을 통해 작지만 소박한 이웃 사랑을 실천하고자 합니다. 아주 특별한 경우가 아니면 전화보다는 편지나 엽서로 감사, 위로, 축하의 표현을 하기로 마음을 굳혔습니다. 불쑥 전화로 급히 말하는 것보다는 애송시라도 적어 마음을 전하는 것이 훨씬 더 따뜻하고 정감 있게 여겨지기 때문입니다. 전화는 상대와 시간대가 맞지 않으면 허탕을 쳐서 짜증이 나기도 쉽기에 아예 편지로 대신하면 여유 있고 편합니다.

　지난해 여름부터 나는 우리 수녀원 마당 옛 유치원 자리에 자그만 '편지글방'을 하나 차려놓고 다양한 계층의 사람들이 보내오는 사연들을 분류해 짧게라도 답을 해주려고 애씁니다. 내게 있어 편지는 수도원과 세상을 이어주는 다리 역할을 해주며 자칫 좁아지기 쉬운 내 경험의 폭과 시야를 넓혀주는 창문이 되어줍니다.

여행을 할 때도 색연필, 편지지, 고운 스티커 등의 편지 재료들을 늘 갖고 다니다 보니 내 가방은 가벼울 때가 없습니다. 급할 땐 나도 가끔 팩스나 이메일을 이용하지만, 번거롭더라도 겉봉에 주소를 쓰고 우표를 붙이며 갖는 정성스러운 기쁨과는 바꿀 수가 없습니다.

"편지 쓰기가 지니는 장점은 우정을 한결 실감나게 만들고 돈독하게 다져준다는 데 있다. 편지를 쓰다 보면 친구들을 위해 바치는 기도가 훨씬 구체적인 것이 된다는 사실도 내가 알아낸 것 중의 하나다."라는 헨리 나웬의 말에 깊이 공감하면서 오늘도 편지를 읽고 씁니다.

수능이 얼마 안 남아 너무 초조하다고 호소해온 고3 남학생들에게, 병상에 누운 남편 뒷바라지에 지쳐 50평생 처음으로 그림 속의 바다가 아닌 실제 바다를 꼭 한 번 보는 것이 소원이라는 어느 주부에게, 자살하려고 약을 먹던 소녀 시절 내가 보낸 한 통의 편지에서 큰 힘과 용기를 얻었다며 10년 만에 소식을 보내온 독자에게, 그리고 북한의 경수로 건설 현장에서 간절한 기도를 부탁하며 별빛 가득한 편지를 보내온 미지의 근로자에게 나는 얼굴도 모르지만 정겨운 사랑의 편지를 쓰려 합니다. 마른 꽃잎과 단풍잎, 우리의 현실을 요약한 재미있는 만화도 신문에서 몇 개 오려 넣어야지, 편지를 받고 기뻐할 이들의 모습을 생각하면 절로 미소가 떠오릅니다.

  한 해가 가기 전에 우리도 그동안 바쁘다고 미루어둔 감사와 사랑, 용서와 화해의 편지를 써보세요. 일주일에 한 번쯤은 텔레비전도 끄고 조용한 공간에서 고요한 마음으로 진실과 아름다움이 넘쳐나는 편지를 쓰세요. 그리하면 바쁘고 고달프고 외로운 중에도 우리의 삶엔 따뜻한 등불 하나가 켜질 것입니다.

  네가 누구인가
  내가 누구인가
  발견하고 사랑하며
  편지를 쓰는 일은
  목숨의 한 조각을 떼어주는 행위
  글씨마다 혼을 담아
  멀리 띄워 보내면
  받는 이의 웃음소리 가까이 들려오네
  바쁜 세상에 숨차게 쫓겨 살며
  무관심의 벽으로 얼굴을 가리지 말고
  때로는 조용한 편지를 써야 하리
  사계의 바람과 햇빛을 가득히 담아

마음에 개켜둔 이야기를 꺼내

아주 짧게라도 편지를 써야 하리

살아 있는 동안은.

- 나의 시 〈편지 쓰기〉에서

잊을 수 없는 스승

학교에서도 고운 한복을 즐겨 입으시던 안온신 선생님은 나의 중학교 2학년 담임 선생님이십니다. 영어를 담당하셨던 이십 대 후반의 안 선생님은 눈에 확 띄는 미인은 아니셨지만 수수하고 평범한 이모 같은 분위기로 학생들을 사려 깊게 챙겨주시던 분입니다. 영어 단어를 잘 외우게 하기 위해 받아쓰기를 자주 시켜 90점 이상은 교실 벽에 이름을 붙여주셔서, 그 기쁨에 아이들은 더 열심히 공부를 했던 기억이 새롭습니다. 수업 시간에 졸면 꾸지람하시기보다 그때 나온 책들 중에서 좋은 것을 골라 읽어주시기도 했는데, 신지식 님의 〈하얀길〉과 〈감이 익을 무렵〉은 제일 자주 들고 와서 읽어주셨습니다. 그때 들었던 아름다운 이야기 〈탱자 아주머니〉 〈하얀길〉을 통해 나는 어렴풋이 작가의 꿈을 키웠는지도 모릅니다.

교내 합창대회가 있을 적엔 새벽부터 와서 연습할 수 있도록, 선생님은 크게 강요하지 않고도 자연스럽고 따뜻하게 아이들을 설득하는 방법을 알고 계셨습니다.

우리 반이 드디어 일등을 했을 때 선생님은 얼마나 기뻐하셨는지! 아낌없는 칭찬을 듣던 우리는 또 얼마나 으쓱했는지! 그때 반주를 한 친구 박인희(가수)와 지휘를 맡은 이규민을 어쩌다 만나면 우리는 늘 선생님 이야기를 하곤 했습니다. 우리가 무얼 잘못해서 단체로 벌을 받을 적에도 선생님은 매우 엄격하게, 그러나 부정적이고 극단적인 말들은 자제하시는 걸 보면서 선생님을 더욱 존경하게 되었습니다.

특히 덕德과 지知에 대해서 두 편으로 나누어 어느 것이 더 중요한가에 대해 토론을 시킨 수업은, 가장 기억에 남고 지금도 잊히질 않습니다. 나는 덕의 편에 선 토론자로 뽑혀 어린 나이에 고민 꽤나 했었습니다. 그 후 나는 전학을 갔기에 선생님과의 연락이 끊어졌고, 아주 오래전 교회 특강 일로 선생님이 먼저 내게 전화를 주신 일이 꼭 한 번 있었으나 서로 연락을 하자 하고는 약속도 못 지키고 시간이 흘렀습니다.

그러다가 지난해 마지막 날 급히 서울에 다녀올 일이 있어 갔다가 부산으로 내려오는 길에 공항에서 탑승을 기다리고 있을 때였습니다. 어떤 분이 자꾸만 나를 쳐다보더니 가까이 와서 "나 기억 나세요? 내가 바로 안온신 선생인데…." 하여 나를 놀라게 하셨습니다. 40년 만에 처음 보는 제자를 잘도 알아보신 선생님과 차를 타고 시내로 들어오며 이런저런 이야기를 나누려니 참으로 감회가 깊었습니다. 선생님은 사돈댁 초청으로 신정 연휴를 부산에서 보내러 오시는 길이라고 하셨습니다.

"저는 지금 대학교에서 강의를 하며 그 옛날 선생님의 인내와 사랑을 자주 기억하면서 본보기로 삼아요." 했더니, "무슨 말을… 나도 그땐 너무 젊어서 서툴고 뭐가 뭔지 잘 몰랐을 텐데…." 하시며 부끄러워하셨습니다. 그때나 지금이나 늘 고요하고 겸손한 선생님의 인품의 향기를 다시 맡으며 행복했던 순간, 오래된 인연의 소중함에 새삼 감사했습니다. 이번에도 또 미루면 안 될 것 같아 나는 선생님이 적어주신 연락처로 곧바로 책을 보내드리고, 올해 스승의 날에는 고운 카드도 보내드렸더니 아름답고 정감 넘치는 회답이 왔습니다.

해인 수녀님, 두 차례나 보내주신 서신 정말 반갑고 고마웠습니다. 더구나 스승의 날에 기억해주시다니 과분한 영광입니다. 돌이켜보면 부끄럽기만 합니다. 미숙했던 시절, 아무런 도움이 되지 못했으리라 여겨집니다. 그러나 어설픈 대로 즐거웠던 기억으로 다가옵니다. 그때 우리 모두 순수했었지요. 하얀 칼라의 교복을 단정히 입은 수녀님의 옛 모습 지금도 생생합니다. 예쁘고 귀엽고 초롱초롱했었지요. 무엇인가 더듬어 찾는 문학 소녀였으니까요. 지금 예수님 안에서의 사랑과 평화의 섬김과 나눔으로 분주한 나날을 보내시는 줄 압니다. 아무쪼록 너무 무리하지 않도록 스스로 돌보시기를 바랍니다. 단아한 모습으로 깊은 신심이 엿보이셨던 어머님께서 장수의 축복을 누리시는군요. 수녀님에게 주시는 하느님의 은총입니다. 수많은 사람들 가운데 주님을 모신 소중한 일생 되게 하셨음에 감사와 감격이 넘칩니다. (… 중략 …) 70고개에 올라서다 보니 한숨에 달려온 것 같습니다. 남은 것은 오직 내가 하느님의 자녀라는 명백한 사실입니다. 표현할

길 없는 하느님의 은혜에 감사와 찬양을 드릴 뿐입니다. 수녀님, 긴 세월이 흘렀는데도 잊지 않고 기억해주신 사랑에 감사드립니다. 늘 건강하시기 빌며, 안온신 올림. (시시때때로 떠오르시는 영혼 깊은 곳에서의 속삭임 보내주셔서 감사한 마음으로 늘 간직하겠습니다.)

내 일기장 안에 소중히 끼워둔 선생님의 편지를 가끔 읽으면서 추억에 잠겨보는 나는, '선생님처럼 학생들을 아끼고 사랑하는 교사, 참을성 있고 지혜로운 교사가 되어야지!' 하고 다시 한번 다짐해봅니다.

다음에 서울에 가면 선생님과 우동 한 그릇이라도 먹으며 밀린 이야기를 즐겁게 나누어야겠습니다.

보이지 않는 슬픔

무료 급식소에서 봉사하던 어느 주부가 어느 날 밥을 나르던 중, 자기 시아버지를 발견하고 울음을 터뜨렸다는 이야기를 신부님께 전해 듣고 갑자기 눈물이 쏟아지는 것을 주체할 길 없었습니다. 오랜만에 헌혈을 했던 날. 잠시 기운이 빠져나가는 듯하는 느낌 후의 320cc의 피. 그 붉은빛을 무엇에 비길 수 있을까요? 비닐팩에 담긴 자신의 피를 보면 엄숙한 느낌마저 들고, 그 누군가에게 가서 도움이 되리라 생각하면 기쁩니다. 헌혈 버스 밖에는 몹시 바람이 불고, 누워서 바라보는 하늘은 구름 한 점 없이 투명한 푸른빛, 빨간 피와 대조적인 차가운 푸른빛!

🌼

이상하게도 바람이 많이 불더니 비닐하우스에서 잠을 자던 한 가족 10명이 불에 타서 죽고, 골목 이층집에서 불이 난 것을 끄러 갔던 소방관 9명 중 6명이 무너지는 건물에 깔려 죽고…. 정말 가슴 아픈 일입니다. 인터넷 자살 사이트 영향을 받아 목숨을 끊은 십 대 이야기, 실직자가 100만 명을 넘어서고 있다는 이야기, 들리는 뉴스마다 슬프고 우울한 것뿐입니다. 수난 시기를 현실 그대로 살고 있는 우리나라 국민들…. 부활은 진정 올 것인가? 요즘은 좀체 웃을 일이 없고 기도도 잘 되질 않습니다.

❀

일본에서 공부하다 어느 날 전철역에서 알지도 못하는 일본인 취객을 구하기 위해 서슴없이 뛰어내린 이수현 군! 우리나라보다 일본의 언론이 더 깊은 관심을 보이고 추모 열기가 끊이지 않는 걸 보고 가슴이 찡했습니다. 그의 부모는 "내 자식을 지나치게 미화시키는 것 같다."고 말했다지만, 이 청년에 대해서는 아무리 미화해도 지나침이 없다고 생각합니다. 가장 가까운 이들끼리도 서로 미워하고 싸우며 이기적으로 행동하는 일이 많은 이 시대에, 그의 희생은 참으로 큰 빛을 던져주고 있습니다. 나도 그에 대한 신문 기사를 다 오려두고 거듭 읽으면서 눈물 속의 묵상을 하곤 합니다.

1941년 아우슈비츠의 아사 감방에서, 한 도망병 때문에 10명이 불려나간 자리에서 제발 살려달라고 부르짖는 어떤 남자를 대신해 "나는 천주교 사제요. 이 사람에겐 돌보아야 할 처와 자식이 있으니 대신 나를 죽여주시오." 하며 자신의 목숨을 내놓았던 폴란드의 사제 막시밀리안 성인을 생각나게 하는 이수현. 부산에 살고 있으니 그의 부모라도 한번 방문하고 싶지만, 그냥 기도 안에만 기억하기로 했습니다. 불을 끄다가 이웃을 위해 희생된 소방관들의 모습도 자주 떠오르는 요즘. 나는 부쩍 눈물이 많아졌습니다.

'진정 모르는 이를 위해서도 기꺼이 자신을 내던질 수 있는 사랑의 용기가 내게 있는가?' 자문해보기도 하면서 그들을 추모합니다. "우리에게 낯선 이란 없다. '이웃'이란 누구든 우리 앞에 있고 우리를 아쉬워하는 그 사람이다."라고 역설한 유태인 가르멜회 수녀 에디트 슈타인의 모습도 잊을 수 없습니다. 그도 또한 1942년 게슈타포에 의해 체포되어 아우슈비츠에서 독가스로 살해당한 이 시대의 순교자입니다.

누군가를 용서하기 힘들 때, 이름 지을 수 없는 분노, 질투, 탐욕, 이기심이 마음에 그늘을 드리워 괴로울 땐 이렇게 모르는 이웃을 위해서 자신의 목숨을 내놓을 수 있던 이들의 위대한 사랑, 그 넓고 깊은 용기를 생각하며 부끄러워합시다! 사소한 일로 자기 연민에 빠져 울지 말고, 자신의 이기심을 부끄러워하며 울 수 있는 용기, 이것이 더 진정한 용기라고 나 스스로에게 타이르곤 합니다.

때론 눈물겹다

가끔은 노인 병동의 수녀님에게서 사소한 선물을 받을 때가 있습니다. 신문지에 싸인 조그만 귤, 빈 크림 통에 담긴 잣, 헝겊 주머니, 신문이나 잡지에서 오린 유머 시리즈…. 누가 볼세라 꽁꽁 싸서 건네주는 그분들의 사랑은 때로 눈물겹습니다. 눈이 안 좋아 책을 잘 읽지 못하는 수녀님께 내가 최근의 신문을 들고 가 읽어드렸더니 무척 고마웠노라며 두고두고 인사하십니다. 연로한 이들에게 우리가 예를 다하는 것은 기본 덕목이자 의무인데도 우리는 각자 바쁜 것을 핑계로 방문조차 안 하고 시간 내어드리기를 계속 미루기만 합니다.

언젠가는 서로 영원한 작별을 할 텐데…. 그 사람이 세상을 떠난 후에 울면서 후회하지 말고 아직 우리 곁에 머물 때 정성을 다하는 노력이 매일 새롭게 필요합니다. 누구보다 외로운 처지의 노인이나 환자에게 인사할 적에도 그냥 건성으로 지나치지 않고 작은 것이라도 구체적으로 배려해서 즐거움을 선사할 수 있는 적극성이 아쉽습니다. 조금 지루하고 어눌하게 같은 말을 되풀이해도 인내로이 들어주고, 말랑말랑한 호두과자나 딸기를 먹다가도 얼른 그분들의 몫으로 먼저 챙겨놓고, 누가 들고

온 프리지어 꽃향기에 감탄하다가 오랜 나날 누워 있어 꽃향기가 그리울 이들을 기억하며 몇 송이라도 갖다 드리는 애덕의 행동이 의례적인 인사말보다 훨씬 더 소중합니다. 고운 마음만 갖고는 안 되고 그때그때 알맞는 사랑의 행동을 할 수 있는 슬기로움과 지혜로움이 얼마나 필요한지!

나의 길벗

우리 수녀원 성당 뒷자리. 한동안 보이지 않던 글라라 언니가 꽃동네로 옮겨 간 지 한 달 만에 죽었다는 소식을 전해 듣고 슬픈 마음입니다. 그는 노인도 아니면서 원내의 양로원에 머물렀습니다. 남편에게 버림 받고 그 충격으로 마비가 된 몸이어도 늘 웃고 다니던 그였는데…. 가족들이 서로 사랑하며 사는 일은 가장 기본적인 사랑의 의무이면서도 이것을 실천하긴 또한 가장 어려운가 봅니다. 병들고 무력한 처지가 되었을 때 버리지 말고 품어 안는 가족의 크고 넓은 사랑이 그 어느 때보다도 절실한 세상입니다.

나에게도 매일을 함께 사는 수도원 가족이 있습니다. 비록 피를 나누진 않았으나 수도원의 자매들은 지금껏 그러했듯이 앞으로도 내가 사랑의 빚을 많이 지고 살아야 할 고마운 사람들! 피할래도 피할 수 없는 섭리의 길벗들입니다. 관계에서 빚어지는 어려움이 생기더라도 두려워하지 말아야겠지요. 더욱 순결한 지향으로 사랑합니다.

천당에 가서 그곳이 생각만큼 놀랍지 않더라도 하느님을 기쁘게 해드리기 위해서 일부러 놀라워하겠다고 고백한 리지외의 성녀 소화 데레사의 그 어여쁜 마음! 수도생활 만 9년 만에 완덕에 이른 성녀가 되어 생을 마친 그는 참으로 우리가 부러워할 만한 한 송이 아름다운 꽃이 아닐 수 없습니다.

넓게 더 아름답게

항상 넓고 푸른 바다를 보면서 살다 보니 바다에 대한 시를 많이 읊었지만, '바다를 떠나서도 바다처럼 살겠다고 약속하는 것'이란 구절은 바다를 닮고 싶은 나의 소망을 그대로 담고 있다고 생각합니다.

계절에 상관없이 사람들이 바다를 보기 위해 여행을 떠나는 것은 건강을 위한 운동 목적도 있지만 한편으로는 바다의 늘 푸른 한결같음, 파도로 출렁이는 언어, 넓디넓은 시원함을 닮고 싶은 아름다운 갈망도 있을 것이라 여겨집니다.

어느 공동체에서든지 가장 필요한 것은 원활한 인간관계인데, 때로는 넓은 마음이 부족해서 서로 상처를 주고받는 경우도 많습니다.

— 아주 사소한 일이지만 남을 배려하지 않고 먼저 자기 실속만 차리려는 경향에 빠져드는 자신을 볼 때 얼른 '넓게 더 아름답게!' 하고 속으로 외칩니다.

— 늘 함께 지내는 이의 행동이 못마땅하고 그를 향한 이해의 폭이 자

꾸만 좁아지려 할 때, '넓게 더 아름답게!' 하고 마음을 다독입니다.

- 세계에서 일어나는 큰일들에 무관심하고 냉담한 반응을 보이며 오로지 자신의 일에만 골몰해 있을 때, '넓게 더 아름답게!' 하고 잠든 의식을 깨웁니다.

- 사랑과 기도의 범위가 너무 좁고 선택적이고 이기적이라 여겨질 때, '넓게 더 아름답게!'를 조용히 외칩니다.

- 남의 호의를 무시하고 의심하는 옹졸한 자신의 모습을 발견할 때, '넓게 더 아름답게!'를 외웁니다.

- 다른 종교, 다른 문화권의 사람들을 만나 자칫하면 빠지기 쉬운 편견과 선입견을 극복하기 위해서도 '넓게 더 아름답게!'를 반복합니다.

- 남의 작은 실수도 용납하지 못하고 용서가 안 돼 속을 끓일 때도, '넓게 더 아름답게!'를 읊조립니다.

- 모든 일에 '넓게 더 아름답게!'를 기도처럼 끊임없이 외우고 실천하면서 봄 여름 가을 겨울 삶의 길을 우리 함께 걸어야겠지요?

어느새 봄이 오는 바닷가에서 나는 오늘 이렇게 고백해봅니다.

'큰 하늘을 담은 바다처럼 내 마음도 한없이 넓어지고 싶습니다.

늘 부서질 준비가 되어 있는 파도처럼 내 마음도 더 낮아지고 깨지고 싶습니다.

그래야 넓고 아름다운 사람이 될 수 있음을 온몸으로 가르치는 바다여 파도여 사랑이여…'

수첩을 펼치며

어쩌다 수첩을 들여다보면 이미 이 세상을 떠난 이들의 이름을 발견하고 잠시 비애에 잠깁니다. 죽은 이의 이름들이야 지우면 되지만, 정리를 한답시고 그 많은 이름들을 그리 쉽게 지울 수 있는 것일까요. 누가 나를 좀 번거롭게 한다 한들 그 이름을 지우는 일은 왠지 미안합니다. 꽃밭의 꽃들이 다 나름대로의 모양과 빛깔과 향기를 지니고 다 사랑을 필요로 하는데, "너는 싫어, 너는 빠져."라고 말하면 좀 서운해할 것 같습니다.

연말이 되면 하나하나 수첩의 이름들을 지우며 정리한다는 어느 수도자의 글을 읽고 나도 그리해보려 했지만 잘 되지 않았습니다. 때로 힘겹게 여겨지더라도 모든 이를 진정 사랑하는 마음으로 받아들이는 넉넉함을 지녀야만 내 마음에도 한 송이의 향기로운 꽃이 피어나리라고 다시 생각해보는 봄.

봄이 왔다고 해서 자연의 꽃향기에만 취하지 말고 사람들이 뿜어내는 삶의 향기도 맡을 수 있기를! 더구나 그들이 아픔 속에서 뿜어내는 짙은 향기를 내 탓으로 외면하지 말기를!

미국 여행길에서

'여행은 떠나는 것이 아니라 돌아오는 것이었습니다. 자기의 정직한 모습으로 돌아오는 것이며, 우리의 아픈 상처로 돌아오는 것이었습니다. 여행은 나 자신으로 돌아옴이며 타인에 대한 겸손한 이해입니다. 정직한 귀향이며 겸손한 인내입니다.' – 신영복의 《더불어 숲》에서

바다가 그리운 여름, 지금은 몇 차례 강의와 작은 모임을 위해 잠시 미국 로스앤젤레스에 와 있습니다. 고국을 떠나 이곳에서 바라보는 분꽃, 백일홍, 과꽃, 봉숭아꽃은 얼마나 더 정겨운지요. 별로 대단할 것도 없는 이 작은 수녀의 이야기를 듣겠다고 여기저기서 먼 길을 달려와 격려해주고 몇 시간씩 기다려 사인을 받아가던 수많은 한국인들의 선한 눈빛과 따스한 웃음에서 가슴 뭉클한 동포애를 느꼈습니다. 함께 시를 읽는 시간에는 모국어의 아름다움에 새롭게 감탄하며 마음이 뜨거워졌고, 낯선 땅에서 자리 잡기까지 힘들었던 이민 생활의 고달픈 체험담을 친지들에게서 들으며 함께 눈시울을 적시기도 했습니다.

어떤 이들은 이민 오기를 잘했다고 강조하고, 또 어떤 이들은 몹시 후

회한다고도 했습니다. 다들 부지런히 사는 모습이 탄력 있어 보였고, 특히 여성들이 사치와는 거리가 먼, 검박하고 수수한 옷차림을 하고 있어 좋았습니다.

한국을 다녀올 때마다 여러 가지 이유로 실망해서 다신 가고 싶지 않다는 말을 들으면 이내 마음이 어두워집니다. 위성방송에서는 오늘도 여전히 우리나라에서 홧김에, 술김에 충동적으로 저지른 살인과 폭력, 교통사고 소식이 전해지고 있습니다. 전에도 종종 비슷한 이야기를 듣긴 했어도 나라 밖에서 접하게 되는 이러한 소식들은 모처럼의 여행길을 매우 언짢고 우울하게 합니다.

해외에 나오면 가끔은 자존심 때문에라도 작은 애국자가 되는 것 같습니다. 잘 알아보지도 않고 동양인을 무조건 범죄자 취급하는 오만한 우월감, 같은 동양인이라도 일본과는 입국 절차 때부터 차별 받는 것을 실감하며 "나라가 잘살아야 나가서도 대접 받는다."는 말의 의미를 더욱 실감하곤 합니다. 누군가 나에게 "아 유 재퍼니즈?"라고 물었을 때, "아이 엠 코리안."이라고 대답했더니 야릇한 웃음을 띠며 실망의 빛이 가득하던 그 얄미운 표정을 잊지 못합니다.

우리는 언제 한번 '사고공화국' '빨리빨리 나라' '거짓말과 부정이 판치는 나라'라는 불명예의 꼬리표를 떼고 가장 정직한 나라, 친절한 나라, 법과 질서를 잘 지키는 나라, 그래서 살고 싶고 방문하고 싶은 나라 우선순위에 들 수 있을까요.

자기가 태어난 나라에서 살기 싫은 국민이 많아지는 것보다 더한 슬픔과 불행은 없을 것입니다. 우리가 진정 누구를 사랑하면 그의 장점뿐 아니라 단점과 실수, 못난 점까지도 감싸 안을 수 있어야 하듯, 우리는 처음부터 나라 사랑하는 법을 새롭게 배워야 할 것입니다. 우리 스스로의 노력이 부족해서 많이도 누벼 놓은 허물과 잘못들을 하나씩 고쳐가는 매일을 살아야겠습니다.

아무리 마음에 안 드는 부분이 많고 상처를 받았어도 우리나라는 우리가 끝까지 사랑할 우리 어머니이기 때문입니다. 어쩌면 나라가 있다는 고마움, 겨레가 있다는 축복을 우리는 자주 잊고 사는지도 모르겠습니다.

언제라도 살고 싶은 나라를 만들어가야 할 아름다운 의무를 태극기처럼 가슴에 꽂는 8월, 서로를 사랑하는 신뢰의 벽돌 한 장을 모국의 땅에 다시 깔고 싶은 8월, 우리 모두가 각자의 자리에서 가장 정직하고 성실하게 최선을 다하는 책임성 있는 국민이 되게 해달라고 눈물 속에 기도하며 이렇게 외워봅니다.

절망했던 만큼의 희망을 씨앗으로 품고
8월엔 우리 모두
기다림에 가슴이 타는 해바라기로 서서
서로를 사랑하게 하소서

용서의 어진 눈빛과 화해의 마음이 자라

산천이 더욱 아름다운 곳

어머니 나라의 평화

하나된 겨레의 기쁨 꼭 맛보게 하소서

해인글방의 글쓰기

컴퓨터가 발달하면서 요즘은 마음만 먹으면 누구나 쉽게 글을 쓰고 편집해서 책을 펴내는 세상이 되었습니다. 글을 쓰는 이들은 날로 많아지지만 참으로 잘 익은 글을 발견하는 일은 그리 쉽지 않은 듯합니다. 갈수록 글 쓰는 일이 어렵다는 걸 절감하는 나이기에 누가 도움말을 부탁해도 설명할 수가 없었는데, 오늘은 내 경험을 바탕으로 부분적으로나마 몇 가지 이야기하니 읽는 이에게 작은 도움이라도 되면 좋겠습니다.

글감 모아두기

글의 소재가 될 만한 것들을 모아두는 자기만의 바구니를 만듭니다. 노트, 일기장, 메모장 등에 자연을 관찰한 것, 사람들과의 만남에서 오는 느낌, 특별한 꿈, 책·영화·연극에서 얻은 감동, 기도나 명상에서 건져 올린 내용 등등 무엇이라도 좋으니 부지런히 적어두었다가 필요할 때마다 꺼내서 쓰면 좋습니다.

방향 설정

쓰고 싶은 글의 제목을 일단 정한 뒤 내용 전개를 위한 구성을 하고 계속 궁리하며 깊이 익혀가는 작업을 합니다. 너무 잘 쓰려고 욕심을 부리거나 다른 이의 흉내를 내려 하지 말고 자기만의 진실과 개성이 잘 드러나도록 방향을 정하는 지혜가 필요합니다.

초고 만들기

생각한 것들을 글로 옮겨 적을 때 유의할 점 몇 가지.
- 본인이 잘 모르거나 뜻이 분명치 않은 단어라고 여겨지면 그냥 지나치지 말고 반드시 사전을 찾아보거나 알 만한 사람에게 물어서 꼭 확인해보고 씁니다. 새나 꽃을 묘사할 경우엔 도감이나 사전을 곁에 두고 특성을 읽어보면 표현에도 도움이 됩니다.
- 중복된 표현, 꼭 안 써도 될 외래어를 무심결에 썼는지 살펴봅니다.
- 문장에서 과거, 현재, 미래의 시제를 제대로 사용하고 있는지 살펴봅니다.
- 맞춤법, 띄어쓰기, 앞뒤 문장의 흐름이 부자연스럽거나 어색하지 않은지 다른 사람에게 한 번 정도 읽어보길 권유합니다.
- 인용을 할 때는 그 자리에 꼭 필요한 것인지 심사숙고하고 제대로 인용하는 게 중요합니다. 특히 다른 사람의 글을 인용할 적엔 반드시 출처를 밝히는 예의를 지켜야 합니다. "어느 책에서 읽었던가?"

"누군가 말했는데…." 하며 대충 얼버무리는 식의 표현은 바람직하지 않다고 봅니다. 인터넷에 들어가면 이름난 작가들의 잘 알려진 글들이 아무런 출처도 없이 하도 많이 떠다니니 혼란을 가져오기 쉽습니다. 출처가 분명해야 다른 사람이 그 글을 다시 인용해도 무리가 없으며 공들여 글을 빚은 작가에 대한 예의도 되는 것이지요. 글을 쏠 적에 다급하면 여기서 조금, 저기서 조금 좋은 글귀만 뽑아다 짜깁기하는 이들도 있는데, 이는 공감대를 형성하지 못하고 방법적으로도 옳지 않다고 생각합니다. 어느 성당의 축하식 행사에 갔다가 거의 나의 시들로 재구성한 축사를 들은 일이 있는데 "설마 그 자리에 오실 줄 몰랐다."면서 그 글을 낭송한 청년이 내게 사과 전화를 해온 일도 있습니다.

- 시를 빚을 때는 너무 설명적이 되지 않고 간결하게 절제된 상징 언어를 쓸 수 있도록 한껏 노력해야 합니다.
- 글에서 타인에 대한 언급은 신중하게 해야 합니다. 어느 글에서든지 남에 대해 이야기할 땐 좀 더 겸허하고 진지해야 할 것입니다. 말과 달리 글은 오래 남는 것이기에 어떤 특정한 사람이나 상황을 언급할 때는 함부로 속단하는 일이 없도록 유의해야 합니다. 속사정을 깊이 알지도 못하면서 단편적으로 드러나는 한 부분만 보고 어떤 사람을 마구 비난한 글을 읽으면 마음이 언짢습니다. 그러나 실제로 우리는 이런 행동을 많이 하기에 늘 겸손하게 깨어 있지 않으면 안

될 것입니다.

중간 점검

초고를 만들어 잠시 다른 곳에 두고 잊고 있다가 다시 꺼내서 되풀이해 읽다 보면 고쳐야 할 부분이 새롭게 눈에 띄곤 합니다. 어느 글이든 여유 있게 시간을 두고 손질해야 설익은 것을 최대한 줄일 수가 있습니다.

마무리

마지막 정리를 하고 나면 자기가 쓴 글의 독자가 되어 천천히 소리를 내어 읽어봅니다. 객관성을 지니고 냉정하게 관찰하면 내용상, 표현상의 부족함을 다시 발견할 수 있으므로 마지막 손질을 좀 더 낫게 할 수 있습니다. '내 능력에서는 최선을 다했다.'는 확신이 들면 비로소 마무리를 합니다.

제3장 ▲ 지혜를 찾는 기쁨

마음에 사랑이 넘치면

마음에 사랑이 넘치면 눈이 밝아집니다. 부정적인 말로 남을 판단하기보다는 긍정적인 말로 남을 이해하려 애쓰게 됩니다. 마음에 사랑이 넘치면 얼굴 표정에도 맑은 웃음이 늘 배경처럼 깔려 있어 만나는 이들을 기쁘게 할 것입니다. 매우 사소한 것일지라도 다른 사람을 배려하고 그를 위해서 열려 있는 사랑의 행동은 그 자체가 아름다운 보석입니다. 찾기만 하면 늘 널려 있는 이 보석을 찾지 못하는 것은 저의 게으름 때문이지요.

늘 감사하며 사는 맑은 마음엔 남을 원망하는 삐딱한 시선이 들어올 틈이 없을 것입니다. 참으로 고운 마음이란 잘 알아보지도 않고 남을 비난하고 흥분하는 것과는 거리가 멀지요.

시간을 내어주는 자유로움

시간을 내어주는 것이야말로 사랑의 구체적 방법임을 알아듣게 됩니다. 함께 사는 이들에게도, 밖에서 찾아오는 이들에게도 시간의 허비처럼 느껴질 수 있지만 가능한 한 기꺼이 시간을 내어주어야 서로 마음이 트이는 계기가 되기에 그때그때 상황에 맞게 기도하는 마음으로 시간을 내어줄 준비를 해야겠습니다.

어떤 일에서든지 '내가 무엇을 가질까?' 먼저 궁리하고 탐색하기보다는 '나에게서 무엇을 내어줄까?'를 궁리하며 선선히 가진 것을 내어놓은 자유로움. 사소한 것을 통해서도 이러한 자유를 매일 새롭게 체험하고 싶습니다. 물질이든, 재능이든, 시간이든 늘 선물을 준비하는 마음으로…. 그러면서도 자만심에 빠지지 않는 겸손과 온유함으로!

마음으로 참아내기

사람들에게서 어떤 부정적인 평가를 받았을 때 계속 '누가 그런 말을 했을까?' 궁리하면서 시간을 보내는 것은 어리석습니다. 자신에게 유익한 약으로 삼고 오히려 겸허하게 좋은 마음으로 받아들이면 반드시 기쁨이 따른다는 것을 잊지 마세요. 씀바귀를 먹을 수 있어야 그 후에 오는 단맛도 알지요!

꼭 도움이 필요한 상황에서 평소에 가까운 이가 외면하는 쓸쓸함. 결국 인간은 홀로 된 섬이라는 생각이 새롭습니다. 다른 이들이 나에게 잘 해주었던 부분들을 더 자주 되새김하고, 누군가에게 내 쪽에서 못마땅한 일이 있을 때는 다른 이들이 그동안 말없이 인내해준 나의 약점과 허물들을 기억하고 좋은 마음으로 참아내기로 해요. 언제나 눈길은 온유하게, 마음은 겸허하게 지니도록 노력하고 또 노력해요.

오늘 내 마음은 비 오는 날의 바다를 닮았네. 그래도 고해성사를 보고 나니 한결 가뿐한 마음입니다.

나와의 약속

무엇이라도 꾸준히 하는 것이 중요합니다. 아주 사소한 것일지라도 자신과의 약속을 잘 실행해나가는 것이야말로 삶을 풍요롭게 해줍니다. 행복은 스스로 가꾸어가야 하는 것. "구슬이 서 말이라도 꿰어야 보배."라는 격언을 나는 자주 기억합니다.

오랫동안 접어둔 종교학과 문학이론 책들을 다시 찾아 읽으며 행복합니다. 줄곧 책꽂이에만 꽂혀 있던 여러 책들이 손을 내밀며 "고마워요!" "오랜만이에요." 하는 것만 같아요.

연강으로 자칫 지루해지기 쉬운 수업 시간에 나는 학생들에게 사탕을 나누어주곤 하는데, 사탕은 나름대로 사탕 이상의 의미가 있습니다. 잠시 서로 웃을 수 있고 마음을 나눌 수 있기에 사탕은 곧 사랑과 우정의 상징이기도 합니다. 고등학교를 갓 졸업한 새내기들의 밝은 표정을 보면 나도 한참 젊어지는 느낌!

사랑을 키우는 좋은 말

오늘 아침엔 땀 흘리며 층계 청소를 하고 있는데, 지나가는 이들이 활짝 웃으며 내게 건네는 아침 인사가 백합처럼 순결하고 정겨웠습니다. 나도 "좋은 하루 되세요." 하고 응답하는데, 문틈으로는 치자꽃 향기가 날아오고 숲에서는 뻐꾹새 소리가 들려왔습니다.

"아, 행복해." 나도 모르게 중얼거리며 "오늘 하루도 좋은 생각, 좋은 말, 좋은 행동을 할 수 있게 도와주십시오." 하는 기도 말이 절로 튀어나왔습니다.

방에 들어와 모처럼 엘가의 '사랑의 인사'를 틀어놓고 내가 쓴 시 한 편을 골라 읽으며 모든 이에게, 모든 것에 사랑의 아침 인사를 건넸습니다.

행복하다고 말하는 동안은
나도 정말 행복한 사람이 되어
마음에 맑은 샘이 흐르고

고맙다고 말하는 동안은

고마운 마음 새로이 솟아올라

내 마음도 더욱 순해지고

아름답다고 말하는 동안은

나도 잠시 아름다운 사람이 되어

마음 한 자락 환해지고

좋은 말이 나를 키우는 걸

나는 말하면서 다시 알지

― 나의 시 〈나를 키우는 말〉

    어쩌다 외출해서 사람들이 주고받는 이야기에 귀 기울이노라면 듣기에 민망할 정도로 다른 이의 인격을 깎아내리거나 무시하는 부정적인 말들이 많습니다. 인터넷에 들어가도 무책임하게 남을 헐뜯거나 비아냥거리는 말투가 절제 없이 떠다니는 것을 볼 수 있습니다.

    요즘은 영어 조기교육의 열기로 심지어 아기들까지 고운 우리말을 익히기도 전에 영어로 이야기하는 걸 보면서 미래의 우리말 지킴이를 잃어버리는 것 같아 안타깝고 걱정스럽습니다. 언어야말로 늘 습관으로 길들여지기에 어려서부터 고운 말, 바른 말을 익혀두지 않으면 바로잡기가 매우 힘들기 때문입니다.

　우리가 매일 많은 사람을 만나며 살다 보면 언어에 대한 반성은 해도 해도 끝이 없는 듯합니다. 수도자의 신분을 낯설어하는 이들과 거리를 좁히려고 내가 먼저 말을 많이 하다 보면 종종 확실한 근거도 없는 모호한 말, 재미는 있지만 의미 없는 말, 독단적이고 편협한 말을 서슴없이 내뱉는 자신을 발견하고 놀랄 때가 있습니다. 그래서 요즘은 아주 사소한 표현이라도 이왕이면 밝고 긍정적으로 하려고 애씁니다.

　날씨가 너무 더워 짜증스러운 푸념이 나오려고 할 땐 "우린 더워서 고생이지만 곡식과 과일이 잘 익으니 뜨거운 햇볕이 정말 고맙지요?" 하고, 비가 와서 습기 찬 것을 불평하고 싶을 적엔 "목마른 대지와 나무들이 기뻐서 어쩔 줄을 모르네요. 비는 얼마나 고마운지!"라고 말해봅니다.

　어떤 상황에서 누가 강한 불만을 토로하면 "이렇게 할 수밖에 없는 속사정을 우린 잘 모르잖아요."라고 조심스레 대꾸해보고, 늘 자신을 비하하며 한탄하는 이들에겐 "걱정 마시고 힘을 내세요. 곧 좋아질 거예요."라고 위로의 표현을 해봅니다.

　싫다, 지겹다는 말을 자꾸 되풀이하면 실제로 지겨운 삶이 될 테니, 먼저 말이라도 그 반대의 표현을 골라서 연습하다 보면 그 좋은 말이 우리를 키워주는 걸 경험하게 된다고 감히 경륜 쌓인 교사처럼 친지들에게 일러주곤 합니다.

누군가에게서 나의 잘못이나 허물을 지적받았을 때도 변명을 앞세우기보다는 일단 고맙다, 죄송하다는 말부터 먼저 하고 나면 마음이 자유롭고 떳떳해지는 승리감을 맛보게 된다는 이야기도 들려줍니다.

"관 속에 들어가도 막말은 말라.""말이 고마우면 비지 사러갔다가 두부 사온다."는 속담을 의식적으로 자주 기억하면서 나는 아무리 화가 나도 극단적인 막말을 하지 않을 수 있는 사랑의 인내를 실습합니다. 남에게 들은 말을 어설프게 전달해서 평화보다는 오히려 오해를 불러일으키는 어리석음에 빠져들지 않는 지혜를 지니게 해달라고 오늘도 기도합니다. 독자들에게서 많은 사랑을 받은 나의 시 1절을 외우며 언어의 집을 짓는 아름다운 사람이 되기 위한 노력을 새롭게 거듭할 것입니다. 이 힘들지만 아름다운 노력의 여정에 여러분도 꾸준히 함께해주실 거지요?

언제나 기도하는 마음으로
도道를 닦는 마음으로 말을 하게 하소서

언제나 진실하고 언제나 때에 맞고
언제나 책임 있는 말을
갈고 닦게 하소서

헤프지 않으면서 풍부하고

경박하지 않으면서 유쾌하고

과장하지 않으면서 품위 있는

한마디의 말을 위해

때로는 진통 겪는 어둠의 순간을 이겨내게 하소서.

- 나의 시 〈말을 위한 기도〉에서

고운 말 연습하기

수도원 밖에서 특강 요청이 오면 나는 곧잘 언어 생활에 대한 이야기를 하곤 합니다. 언어를 주제로 한 동서양의 격언이나 시를 함께 읽기도 하고, 고운 말 바른 말에 대해 내 나름대로 생각하는 것을 몇 가지로 요약하여 설명하는데, 가끔은 우리가 하는 곱지 못한 말들을 그대로 흉내 내면 듣는 이들 모두 큰 소리로 웃으며 재미있어 합니다. 우리의 일상 언어는 습관에 의해서 형성되기에 아예 처음부터 잘 길들이고 가꾸어가지 않으면 바로잡기가 점점 힘들어집니다. 말의 실수를 줄이기 위해서는 속으로 미리 연습하고 말하는 노력이 필요합니다. 처음엔 좀 번거롭게 생각되어도 계속 실습하다 보면 이내 익숙해져서 나중엔 전혀 힘들거나 부담이 되지 않고 오히려 즐거워집니다. 그리고 어느 특정한 상황에서 어떤 표현이 도움이 되는지를 체험으로 알게 되는 기쁨이 있습니다. 나도 실수할 때가 많지만, 그래도 상처 대신 사랑을 전하는 언어의 주인이 되고자 평소에 내가 실습하는 몇 가지를 여기에 소개합니다.

- 어떤 사람이 이야기할 때는 귀 기울여 듣는다는 것을 알리기 위해

"그러셨어요?" "오, 그랬군요!" "세상에!" "저런!" 하고 이따금 맞장구치는 것을 잊지 않습니다. 남이 열심히 이야기하는데 아무 말도 하지 않고 있으면 상대방이 왠지 무안한 느낌이 들기 때문입니다.

- 자신에 대한 평판 중 칭찬을 들을 땐, "감사합니다. 다 염려해주신 덕분이지요." "그렇게 말씀해주시니 영광입니다." 하면 되고, 충고하는 말을 들을 땐, "죄송합니다. 앞으로는 유의할게요." "하기 어려운 말을 해주셔서 감사합니다."라고 합니다. 다른 사람의 호의에 대해 "신경 써주셔서 감사합니다!"보다는 "마음 써주셔서 감사합니다."라고 합니다.

- 누가 틀린 정보를 계속 고집할 적에는 "무슨 말씀이세요? 절대 그게 아니라니까요."라고 말하기보다는, "혹시 착각하신 것 아닐까요?" "제 생각엔 그게 아닌 것으로 알고 있는데요." 정도로 겸허하게 표현하는 게 대화에 도움이 됩니다.

- 어느 특정한 사람과 관계의 어려움을 겪고 있는 이에게는 그 대상의 이름을 구체적으로 들먹이며 "○○ 때문에 어렵지요?"라고 하기보다는 그냥 "요즘 매우 힘드시지요?" "덕 쌓을 일이 많으시지요?" 하고 말을 건네거나, 위로의 뜻을 전할 때도 "신경 끄세요."라는 말보다는 "안심하세요." "마음 놓으세요." "잘 되도록 기도할게요."라고 하면 한결 부드럽지 않을까요?

- 자리에 없는 이를 험담하는 것이 듣기 거북할 때는, "우리가 못마땅

해하는 그 점이 그 사람 전부는 아니잖아요." "그 사람에겐 또 다른 좋은 면이 있잖아요." "우리도 부족한 사람이니 이젠 그만하고 다른 이야기 합시다." 하고 적당히 화제를 돌리는 용기가 필요합니다.

- 예기치 않은 상황에 맞닥뜨리거나 억울한 일을 당해 화가 치밀 때는 "환장한다." "죽겠다." "돌아가시겠다." "기절하겠다." "화딱지 난다." "신경질 난다." "열 받는다." "혈압 오른다." "뿔따구 난다." 등등의 말들을 삼가고, "더 이상 못 참겠네요." "큰일이에요." "보통 일이 아니에요." "너무 심하단 말이에요."라는 표현으로 푸념하면서 마음을 진정시킵니다.

- 갑작스러운 사별의 슬픔으로 충격을 받은 이들에게는 무조건 '주님의 뜻' 운운하며 신앙적인 설교를 앞세우기보다 "무어라 드릴 말씀이 없네요." "하느님도 무심하시지." "어쩌다 이런 일이⋯." 등의 말로 슬픈 사람의 입장을 충분히 헤아려서 말을 하거나, 마땅한 말이 떠오르지 않으면 그냥 침묵을 지키는 가운데 손을 잡아주는 위로의 표현을 하는 게 더 낫습니다.

- 다른 이의 인격을 비하하는 표현이나 점잖지 못한 말은 삼갑니다. '제까짓게' '그까짓게' '구제불능' 등의 표현이나 "웃기네(웃기고 앉았네, 웃기고 자빠졌네)." "김새네." "두말하면 잔소리지." "뽕갔다." "똑소리 나네." "방방 뜨네." "뻔할 뻔자야." "쪽팔리네." "별꼴이 반쪽이야." "미치고 팔짝 뛰겠다."라는 말들은 무심결에라도 입에 담

지 않으며, "나는 해피하다." "베스트를 다했다." "두 가지 입장이 짬뽕이 되었다." 식으로 국적 없이 혼합된 말들을 삼가려고 애씁니다.

- 친한 사이라도 외모의 어떤 부분을 구체적으로 지적해서 말하는 인사는 실수하기 쉬우니 자제합니다. 상대가 건강하고 좋아 보일 적엔 "모습이 참 좋아 보이시네요!", 안 좋아 보일 적에는 "무슨 근심이라도 있으신가요?" "매우 피곤해 보이시네요." 등의 표현을 쓰도록 합니다.

- 사람이나 사물에 대해서 '싫다' '좋다'라는 표현을 성급히 쓰지 않도록 하고 누가 누구보다 더 낫다든가 하는 비교급의 말, 단정적인 말들을 함부로 하지 않도록 유의합니다. 싫은 음식에 대해서도 "이건 맛이 없고." "딱 질색이고." 등의 표현을 삼가고, "전 웬일인지 이 음식은 썩 즐기지 않는 편이라서요." 정도로 말을 하면 어떨까요?

- 처음 보는 사람에게 호기심 가득한 질문을 한꺼번에 퍼붓지 않도록 하고, 내가 그런 상황에 처했을 때는 곧바로 불쾌감을 드러내지 않고 "차차 아시게 되겠지요." 정도로 웃어넘깁니다.

- "내가 아니면 안 되는 일."이라느니 "내가 무얼 하는지 아무도 모를 거야." 등 자신이 수고한 일에 대해 은근히 광고하거나 습관적인 푸념으로 선행의 향기가 날아가지 않도록 합니다.

- 겸양의 뜻으로라도 자신을 가리킬 땐 꼭 '내가' 대신 '제가'로 말하

고, 아무리 나이가 어린 사람에게도 한결같이 존칭어를 쓰는 연습을 합니다. 그리고 학생이나 어린이의 이름을 부를 적에도 '야' '자'라고 하지 말고 "○○이?" 하며 끝을 올려 명랑하게 이름을 불러줍니다.

- 하루의 일이 잘 안 풀려 속상할 적에도 "재수 없다."는 말보다는 "오늘은 좀 이상한 날이네요." 정도로 표현하고, 기분이 나쁠 때에도 "기분이 더럽다." "지겨워." 등의 말보다는 "마음이 안 좋아요." "좀 언짢은 느낌이에요."로 자제해서 말하려고 애씁니다.
- 주의사항을 적는 표지판이나 메모를 적어두는 알림판에도 주위의 반응을 미리 물어보고 결정하는 섬세한 정성이 필요합니다. 예를 들면 '출입 절대 엄금'이라는 말보다는 '출입을 삼가해주세요' '출입 제한'은 어떠냐고 제시해봅니다. 행사장에 '꽃다발 사절'보다는 '꽃다발은 받지 않습니다.' '꽃은 마음으로 대신해주세요.'가 좀 더 부드럽게 여겨지고 '이곳의 책은 가져가지 마십시오.'보다는 '이곳의 책은 여기서만 봅니다.'가 거부감을 덜 갖게 합니다.

우리가 잘하려고 마음만 먹는다면 아주 사소한 부분에서부터 실천해야 할 것들이 많은 것이 일상의 언어 생활입니다. 하루를 시작하기 전에 나는 "주님, 오늘 하루 저의 말이 기쁨과 평화의 선물이 되게 해주십시오."라고 기도하고, 하루를 마무리하며 잠자리에 들 적엔 "이웃에게 평화를 전한 말들에 대해서는 감사를 드리고 상처를 준 말들에 대해서는 용서를 청합니다."라고 기도합니다. 우리 모두 고운 말 수첩을 만들어 매일매일 고운 말을 찾아 적고, 고운 말을 꾸준히 연습하다 보면 진정 고운 사람이 되어가지 않을까요?

오늘은 '고운 말 쓰기'라는 글자로 내가 만든 5행시를 수첩에 적어봅니다.

고 _ 운말들 골라써야 고상한 사람되지요

운 _ 치있는 우리말을 꾸준히 써가노라면

말 _ 의향기 널리퍼져 세상은 꽃밭되지요

쓰 _ 지말죠 속어비어 극단적 부정적인말

기 _ 품있는 사랑의말 다함께 갈고닦아요!

귀 기울이는 사랑

내가 진행하는 수업 중에 학생들에게 누가 자신의 말을 제일 잘 들어주느냐고 설문지를 돌린 일이 있는데, 대부분은 가족, 친구, 애인을 적었으나 꽤 많은 학생이 '나 자신'이라고 표현했습니다. 이는 나 아닌 남이 내 말을 온전하게 들어주는 일은 어렵다는 것을 시사하고 있습니다. 또 잘 듣는 일을 방해하는 요인으로는 미움, 무관심, 편견, 선입견, 고정관념, 고집, 교만, 우월감, 자만심, 집중력 부족, 산만함, 나만의 생각에 빠져듦, 텔레비전 등을 적어냈습니다.

매일의 삶에서도 우리는 서로 상대방의 말을 건성으로 들어서 약속이 어긋나거나 예기치 않은 오해가 생기곤 합니다. 나도 한번은 어떤 분과 오후 3시에 만날 약속을 하고 그분에게 집에서 대략 1시 30분에 나오시면 되겠다고 했는데, 그분이 1시 30분부터 약속 장소에서 기다려 서로 어긋난 적이 있습니다. 또 한번은 내가 부산에서 광주 가는 고속버스 표 예매를 후배 수녀에게 부탁했는데, 그날에 가려고 보니 그 표는 광주가 아니라 서울로 가는 광주고속 회사의 표였습니다. 후에 심부름해준 이에게 물어보니 "수녀님은 주로 서울에 출장을 가니 메모를 보고도 얼른 입력이 안 돼 그만 서울로 가는 표를 산 거지요. 정말 죄송합니다."라고 했습니다.

어쩌다 우리가 친지들을 방문하면 텔레비전을 보느라 손님의 존재를 잊거나 그의 말을 정성껏 귀담아듣지 않는 경우도 자주 보게 됩니다. 오랜만에 만나는 사람을 반가워하며 그의 말을 듣고 싶어 하기보다는 습관적으로 켜놓은 텔레비전 연속극에 눈길과 마음을 더 주는 듯한 인상을 받습니다. 중요한 일을 의논하기 위해 믿는 사람에게 도움을 청했을 때, "오늘은 시간이 없으니 다음에…."라고 대답하는 걸 들으면 문득 외로운 느낌이 들기도 합니다. 상대의 상황을 전혀 이해 못 하는 것은 아니지만, 그 '다음'이란 진정 다시 오는 것일지? 나에게 도움이 필요한 것은 '바로 지금인데….' 하는 생각이 드는 것이지요.

아주 오래전 일이지만 암으로 고생하던 어느 사제가 병상에서 나의 방문을 원해 약속을 했다가 바쁜 일을 핑계로 취소한 적이 있습니다. 다음으로 미루던 중 그는 이미 세상을 떠난 후여서 나는 눈물을 흘리며 후회했으나, 그의 이야기를 들어줄 기회는 지상에서 다시 오지 않았습니다.

사람과 사람의 관계를 늘 '마지막 인사를 하듯이' 간절하고 애틋하게 이어간다면 말도 더욱 가려서 하게 되고 듣는 자세 또한 좀 더 진지하고 정성스러워지지 않을까 생각해봅니다. 마주 앉아 이야기를 하면서도 시선을 다른 곳에 두거나 집중하지 않는 태도, 계속 전화를 받거나 다른 일을 하는 모습을 지켜보는 일은 말하는 사람을 서운하게 만들고 어서 자리를 떠야겠다는 강박관념으로 불안하게 만듭니다. 여럿이 모인 자리에서 어떤 이야기를 전달하는 동안 이쪽의 동의도 구하지 않고 갑자기 다른 쪽으로 화제를 돌리는 이 앞에서는 당황하고 무안한 느낌을 떨칠 수가 없습니다. 내가 누군가에게 한 말을 아주 다르게 잘못 전해 듣고 와서 불같이 화를 내는 친지 때문에 깊이 절망했던 순간도 있습니다. 이럴 땐 중간 역할을 잘못한 사람도 원망스럽지만 내게 직접 알아보지도 않고 극단적인 말을 내뱉는 이가 더욱 야속하게 여겨집니다. 오랜 세월 고이 쌓아온 우정이 잘못 들은 말 때문에 한순간에 무너지려는 위기의 순간을 체험하기도 합니다.

다른 사람의 말을 소중히 생각하고 잘 들어주는 이의 모습은, 보는 것만으로도 아름답고 행복합니다. 나의 말을 잘 들어준 이의 모습에 감동받은 체험을 어느 날 나는 이렇게 적어보았습니다.

항상 잘 듣는 이의 모습은 항상 아름답습니다
'그런 일이 있었군요!'
'제가 어떻게 도우면 좋을까요?'
저의 사소한 문제들도 유심히 귀 기울여 듣고
자신의 일처럼 염려하는 당신의 모습에
마음이 따뜻해지곤 했습니다
해결의 길에선 아직 멀리 있어도

제 말을 잘 들어준 것만으로도
이미 큰 위로가 되었습니다
온몸과 마음을 집중해서
저를 들어주는 당신의 모습에서
하느님의 사랑을 체험했습니다
중간에 끼여들고 싶을 적이 없지 않았을 텐데도
저의 말을 하나도 가로막지 않고
끝까지 들어준 당신의 인내에 감동하면서
저도 그리해야겠다고 다짐했습니다
판단은 보류하고 먼저 들어주는
사랑의 중요성을 다시 배웠습니다
잘 듣는 것은 마음의 문을 여는 것
기다리고 이해하고 신뢰하는 것
편견을 버린 자유임을 배웠습니다
필요 이상으로 말을 많이 하고
주제넘게 남을 가르치려고 한
저의 잘못이 떠올라 부끄러웠습니다

소리로서의 말뿐 아니라
저의 사소한 행동과 상황에도

민감하게 귀 기울이며
제가 해야 할 바를 넌지시 일러주는
당신 덕분에 행복했습니다
잘 들어주는 이가 없어 외로운 이들에게
저도 당신처럼 정성스러운
사랑의 벗이 되고 싶습니다
이렇듯 선한 갈망을 갖게 해주신 당신에게
늘 새롭게 감사드립니다.

마음을 위한 기도

 늘 푸른 소나무처럼 한결같은 마음을 지니게 해주십사고 기도합니다.
 자신이 맡은 일에 정성을 다하는 성실함, 어떤 모양으로든지 관계를 맺는 이들에게는 변덕스럽지 않은 진실함을 지니고 매일을 살고 싶습니다. 힘겨운 시련이 닥치더라도 쉽게 좌절하지 않고 견디어내는 참을성으로 한 번밖에 없는 삶의 길을 끝까지 충실히 걷게 해주십시오.

 숲 속의 호수처럼 고요한 마음을 지니게 해주십사고 기도합니다.
 시끄럽고 복잡하게 바빠 돌아가는 숨찬 나날들에도 방해를 받지 않고 중심을 잡을 수 있는 마음의 고요를 키우고 싶습니다. 바쁜 것을 핑계로 자주 들여다보지 못해 왠지 낯설고 서먹해진 제 자신과도 화해할 수 있는 고요함, 밖으로 흩어진 마음을 안으로 모아들이는 맑고 깊은 고요함을 지니게 해주십시오. 고요한 기다림 속에 익어가는 고요한 예술로서의 삶을 기대해봅니다. 마음이 소란하고 산만해질 때마다 시성 타고르가 그리한 것처럼 저도 '내 마음이여, 조용히, 내 마음이여, 조용히' 하고 기도처럼 고백하고 싶습니다.

하늘을 담은 바다처럼 넓은 마음을 지니게 해주십사고 기도합니다.
지나친 편견과 선입견으로 남을 가차 없이 속단하기보다는 폭넓게 이해하고 포용하는 너그러움을 지니고 싶습니다. 내 가족, 내 지역, 내 종교만의 좁은 울타리를 벗어나 마음을 넓히는 시원함으로 나라를, 겨레를, 세계를 좀 더 넓게 바라보고 좀 더 넓게 사랑하게 해주십시오.

밤새 내린 첫눈처럼 순결한 마음을 지니게 해주십사고 기도합니다.
어떤 일이 있더라도 악과 타협하지 않고 거짓과 위선을 배격하는 정직한 마음, 탐욕에 눈이 멀어 함부로 헛된 맹세를 하지 않으며, 작은 약속도 소홀히 하지 않는 진지함을 지니고 싶습니다. 감각적인 쾌락에 영혼을 팔지 않으며, 자유와 방종을 혼돈하지 않는 지혜로움, 어린이 같은 천진함으로 하느님과 이웃을 전적으로 믿고 신뢰하는 용기를 지니게 해주십시오.

사랑의 심지를 깊이 묻어둔 등불처럼 따뜻한 마음을 지니게 해주십사고 기도합니다.
기뻐하는 이와 함께 기뻐하고 슬퍼하는 이와 함께 슬퍼할 수 있는 부드럽고 자비로운 마음, 다른 이의 아픔을 값싼 동정이 아니라 진정 나의 것으로 느끼고 눈물 흘릴 수 있는 연민의 마음을 지니고 싶습니다. 남에 대한 사소한 배려를 잊지 않으며, 칭찬과 격려를 아끼지 않는 따뜻한 마음, 주변에 우울함보다는 기쁨을 퍼뜨리는 밝은 마음, 아무리 속상해도 모진 말로 상처를 주지 않는 온유한 마음으로 하루하루가 평화의 선물이 되게 해주십시오.

가을 들녘의 볏단처럼 익을수록 고개 숙이는 겸손한 마음을 주십사고 기도합니다.

부끄러운 약점과 실수를 억지로 감추기보다는 오히려 자연스럽게 인정하는 마음, 자신의 잘못을 비겁하게 남의 탓으로 미루지 않는 겸허함을 지니고 싶습니다. 다른 이의 평판 때문에 근심하고 불안해하거나 초조해하지 않는 의연함을 잃지 않게 해주십시오. '내일은 내가 이 세상에 없을지도 몰라.' 하는 깨어 있음으로 삶의 유한성을 받아들이며, 오늘 해야 할 용서를 내일로 미루지 않는 겸손함을 지니게 해주십시오.

살아 있는 동안은 나이에 상관없이 능금처럼 풋풋하고 설레는 마음을 주십사고 기도합니다.

사람과 자연과 사물에 대해 창을 닫지 않는 열린 마음, 삶의 경이로움에 자주 감동할 수 있는 시인의 마음을 지니고 싶습니다. 타성에 젖어 무디고 둔하고 메마른 삶을 적셔줄 수 있는 예리한 감성을 항상 기도로 갈고 닦게 해주십시오.

숨을 곳을 찾는 여유

나는 가끔 어린 시절, 동무들과 숨바꼭질하던 기억을 즐겁게 떠올려보곤 합니다. 술래가 눈을 가리고 있는 동안 나만의 숨을 곳을 찾아 몸을 숨기고 두근거리는 가슴으로 짧은 고독을 즐기곤 했지요. 있는 곳을 들키고 싶지 않은 마음과, 끝까지 찾질 못해 나만 홀로 남겨지면 어쩌나 하는 마음이 엇갈리기도 했던 숨바꼭질 놀이가 요즘은 눈에 띄질 않습니다. 어린이들조차 너무 바빠 골목길에서 뛰어노는 시간보다는 방 안에서 컴퓨터 게임에 열중하는 시간이 더 많은 듯합니다.

아이들은 아이들대로 어른들은 어른들대로 해야 할 일들이 너무 많아 진정 고요한 시간을 갖고 자기 자신을 깊이 들여다볼 틈이 없는 날들을 살고 있습니다.

보고 듣고 말할 것이 하도 많아 우리의 눈과 귀와 입은 늘 쉴 틈 없이 피곤하므로, 아마 이들도 말을 할 수 있다면 "주인님, 제발 저도 가끔은 조용히 쉬게 해주십시오." 하고 표현할지도 모를 일입니다.

기차를 타고 여행을 하면서도 창밖의 풍경을 바라보며 명상에 잠기기보다는 휴대 전화를 연신 눌러대며 큰 소리로 이야기를 하고 산에서도

제3장 | 지혜를 찾는 기쁨

라디오를 크게 틀어놓고 손뼉을 치며 춤을 추는 이들을 보노라면 '조용히 혼자 있는 여유'를 잃어버리고 사는 우리의 모습이 더 확연히 느껴져서 안타까운 마음입니다.

살아가면서 매일은 아니더라도 가끔은 아주 가끔은 숨바꼭질하는 마음으로 외부와의 약속을 잠시 미루어두고 내면에 감추어진 전원을 켜서 자기 자신을 깊이 들여다보는 시간이 꼭 필요하다고 봅니다. 내가 나와 사귀는 시간, 내가 나와 놀아주는 여유로 재충전의 시간을 가져야만 다른 이와의 관계도, 앞으로 해야 할 힘든 일들도 더욱 슬기롭게 꾸려갈 수 있을 것입니다.

어쩌다 '숨고 싶은 갈망'이 생겨도 바쁜 것을 핑계로 이를 묻어버리지 말고 애써 숨을 곳을 찾는 노력이 중요합니다. 그 장소는 집 안의 빈방이나 정원일 수도 있고, 절이나 성당, 교회일 수도 있으며, 산이나 숲, 강이나 바다일 수도 있을 것입니다. 내가 나와 만나기 위해 잠시 일손을 놓고 일상에서 물러나 조용히 기도하는 것, 하늘과 노을을 바라보는 것, 새소리를 듣는 것만으로도 마음엔 깊고 맑은 평화가 흐를 것입니다.

이런 시간을 자주 갖는 습관을 들이면 들일수록 우리는 어느 날 문득 자신에게 이렇게 말하고 싶어질 것입니다.

"아, 알았다. 가끔은 혼자 숨어 있을 필요가 있는 걸. 이것이 바로 내가 나에게 주는 좋은 선물임을 왜 진작 몰랐을까."

지혜를 찾는 기쁨

살아갈수록 지혜의 덕이 필요함을 나는 날마다 새롭게 절감하고 있습니다. 그래서 지혜에 대한 글귀나 그림을 모은다고 했더니, 나의 정다운 친구는 해외 여행을 다녀오며 'wisdom'이라는 단어가 적힌 아름다운 돌을 하나 구해다 준 적이 있습니다. 가끔은 이 돌을 만지작거리며 지혜를 구하는 기도를 바치기도 합니다.

요즘은 "지혜란 다음에 무엇을 할 것인지를 아는 것이고 덕이란 그것을 행동에 옮기는 것이다."라는 데이비드 스타 조던의 말을 자주 외우고 다닙니다.

'주님 제가 바꿀 수 있는 일들을 바꿀 수 있는 용기를 주시고, 바꿀 수 없는 일은 받아들이게 하시며, 이 둘의 차이점을 아는 지혜를 허락하소서.'

라인홀드 니버의 이 말은 책갈피에 적어서 많은 사람에게 선물로 주었습니다.

오늘도 지혜서를 읽습니다.

'지혜 속에 있는 정신은 영리하며 거룩하고 유일하면서 다양하고 정묘하다. 그리고 민첩하고 명료하며 맑고 남에게 고통을 주지 않으며 자비롭고 날카로우며 강인하고 은혜로우며 인간에게 빛이 된다. 변함없고 확고하고 동요가 없으며 전능하고 모든 것을 살피며 모든 마음과 모든 영리한 자와 모든 순결한 자와 가장 정묘한 자들을 꿰뚫어본다. 지혜는 모든 움직임보다 더 빠르며 순결한 나머지 모든 것을 통찰한다.'

이 얼마나 아름다운 지혜 찬미가인가요.

하루의 길 위에서 어느 것을 먼저 해야 할지 분별이 되지 않을 때, 중요한 결정을 내려야 하지만 어찌할 바를 모르고 망설임만 길어질 때, 어떤 사람과의 관계가 불편해서 삶에 평화가 없을 때, 가치관이 흔들리고 교묘한 유혹의 손길을 뿌리치기 힘들 때, 지혜를 부릅니다. 책을 읽다가 이해가 안 되는 때도, 글을 써야 하는데 막막하고 아무 생각이 나지 않을 때도 지혜를 부릅니다. 사람과 사람 사이의 중간 역할을 할 때, 남에게 감히 충고를 해야 할 입장이어서 용기가 필요할 때, 어떤 일로 흥분해서 감정의 절제가 필요할 때도 "어서 와서 좀 도와주세요." 하며 친한 벗을 부르듯이 간절하게 지혜를 부릅니다.

진정 지혜로운 사람은 어떤 사람일까요?

항상 예의바르게 행동하지만 과장하지 않고 자연스러운 분위기를 지

제3장 | 지혜를 찾는 기쁨 141

닌 사람, 재치 있지만 요란하지 않은 사람, 솔직하지만 교묘하게 꾸며서 말하지 않는 사람, 농담을 오래 해도 질리지 않고 남에게 거부감을 주지 않는 사람, 자신의 의무와 책임을 남에게 미루지 않는 사람, 들은 말을 경솔하게 퍼뜨리지 않고 침묵할 줄 아는 사람, 존재 자체로 평화를 전하는 사람, 자신의 장점과 재능을 자랑하거나 교만하게 굴지 않고 감사하게 나눌 준비가 되어 있는 사람, 남의 입장을 먼저 배려하기에 자신의 유익이나 이기심은 슬쩍 안으로 감출 줄 아는 사람 등 생각나는 대로 나열을 해보며 지혜를 구합니다.

지혜의 빛깔은 서늘한 가을 하늘빛이고, 지혜의 소리는 목관 악기를 닮았을 것 같지 않나요?

착한 것만 갖고는 부족하고, 여기에 지혜의 덕이 따라야만 미련해지지 않겠지요. 사랑의 열정만으로는 곤란하고, 여기에 지혜의 덕이 따라야만 그 사랑은 인격적인 성숙을 이루겠지요. 지식의 획득만으로는 모자라고, 여기에 지혜의 덕이 따라야만 지식 또한 오래오래 빛을 내겠지요.

어느 날은 이렇게 기도했습니다.

지혜이신 예수님
매순간 저에겐 지혜의 선물이 필요합니다
보고 듣고 말하고 행동하는 모든 것이
지혜의 빛을 받아야만 아름답고 튼튼합니다

세상의 지혜가 아닌 당신의 지혜를 구하면서도
그 길에서 멀리 있어 목마를 적이 많았습니다
당신처럼 아낌없이 사랑하고 사랑하면
저도 조금씩 지혜로워질까요?
어서 오시어 어리석은 저를
지혜의 물로 세례 받게 해주십시오
그리하여 볼 것만 보고 들을 것만 듣고
말할 것만 말하고 행할 것만 행하여
떳떳하게 맑아진 기쁨을 노래할 수 있도록.

빈방 있습니까?

부산 날씨는 아직 포근한 편인데 오늘따라 몸과 마음은 으슬으슬 추워서 꼭 몸살이라도 날 것 같아, 이른 아침부터 창가에서 짹짹대는 새들에게 말을 건넸습니다.

"너도 알지? 요즘 우리가 다 힘들어한다는 걸. 우리 대신 명랑한 노래를 더 많이 불러주겠니?"

신문을 열면 온통 우울한 소식들이고 주위를 둘러보아도 기쁜 일보다는 슬프고 괴로운 일이 더 많은 요즘입니다. 해마다 이맘때면 새 달력을 들고 들뜬 표정으로 인사를 다니던 손님도 거의 없다는 택시 기사의 탄식에서, 크리스마스 캐럴을 들어도 한숨만 나온다는 친지들의 고백에서 우리가 처한 어려움을 실감할 수 있습니다. 라면값이라도 달라고 손을 내미는 남루한 옷차림의 사람들, 쪽방에서 새우잠을 자는 이들을 생각하면 작지만 편한 나의 잠자리가 매우 미안하게 여겨질 정도입니다. 여기저기 외롭게 기웃거리며 "저어 빈방 있습니까?"라고 외치던 그 옛날 성 요셉의 모습이 바로 물질적으로나 정신적으로 사랑의 도움을 필요로 하는 우리 모두의 모습이 아닐는지요. 이웃을 외면하는 옹졸한 편견과 인색함으로 있는 방도 없게 만드는 것 또한 오늘의 우리가 아닌가 싶습니다.

성탄절을 앞두고 며칠 전 우리 수녀원에서 이웃을 초대했습니다. 아기 예수를 기다리는 기쁨을 촛불 춤으로 표현하고, 시와 동화를 읽고, 성가를 부르며 한결 온유한 마음이 된 우리는 이웃 사랑을 실천한 이들의 이야기도 전해 들었습니다. 친구를 마중하러 역에 나갔다가 얇은 셔츠 차림으로 떨고 있는 노숙자에게 자신의 점퍼를 벗어준 뒤 매일 새벽 1시에서 4시 사이에 부산역 근처 노숙자들에게 컵라면을 끓여주는 어느 간호사 이야기, 단속반원과 승강이를 벌이던 한 장애인 노점상에게 말없이 다가가 땅에 떨어진 빵과 음료수를 사주자 이를 구경하던 이들까지 힘을 모아 그 장애인의 물건을 다 팔아주게 됐다는 어느 중년 신사 이야기, 구걸로 생계를 꾸리던 어떤 어머니가 1,000원짜리는 생계비로 500원짜리는 아들의 눈 수술비로 그리고 100원짜리는 더 어려운 이웃을 위해 쓰기로 하고 저축했다면서 1,006개의 100원짜리 동전을 복지시설에 들고 온 이야기를 듣는 동안 우리 마음이 밝아졌고, 여기저기서 기도가 흘러나왔습니다. 그 기도는 우리에게 다시 희망과 용기를 주었습니다. 힘든 가운데서도 세상이 아직 살 만한 것은 그렇게 아름다운 마음을 지닌 보통 사람들이 많이 숨어 있기 때문일 것입니다.

진정 사랑에 대해서 말만 많이 하는 사람이 아니라 묵묵히 실천하는 사람이 간절히 그리운 성탄절, 돈으로 포장한 선물보다는 마음이 깃든 선물이 더 그리운 성탄절입니다. 자기 희생과 절제로 숨겨둔 침묵의 향기가 없다면 이젠 봉사라는 단어조차 듣기가 거북합니다.

나도 사랑이 부족해서 많이 흘린 참회의 눈물을 모아 아기 예수가 누우실 구유 위에 작은 예물로 얹어드리겠습니다. 시간과 공간을 뛰어넘어 오시는 그분의 영원한 사랑에 새롭게 감격하며, 자꾸만 핑계를 대지 않고 작은 몫이라도 이웃을 위한 사랑의 빈방을 만들겠다는 약속의 등불도 걸어두겠습니다.

초록색, 붉은색 리본으로 솔방울을 엮어 방문에 걸어두고 창밖을 보니 소나무숲 전체가 그레고리오 성가를 부르며 아기 예수를 기다리고 찬미하는 것 같습니다.

"빈방 있습니까?"

문득 마음을 흔드는 겨울 바람 속에 환청인 듯 다시 들려오는 애절한 목소리를 들으며 나는 이렇게 기도해봅니다.

손님 아닌 주인으로 당신을 맞을 마음의 방에
어서 불을 켜게 하소서
돌처럼 딱딱한 마음 대신
아기의 살결처럼 부드러운 마음으로 당신을 보게 하시고
욕심으로 번쩍이는 어른 옷 대신
티 없이 천진한 아기 옷을 입고 기도하게 하소서…

그리하여 저주의 말은 찬미의 말로 바뀌고
불평의 말은 감사의 말로 바뀌게 하소서
절망은 희망으로 일어서고
분열은 일치와 평화의 옷을 입으며
하찮고 진부하게 느껴지던 일상사가
아름답고 새로운 노래로 피어나게 하소서….

오늘이 마지막이라면

사랑하는 그 누군가의 죽음을 맞이하였을 때
당신은 자신의 죽음과도 직면하게 됩니다
인생의 덧없음과 삶의 불확실성에 대해서
당신도 인식해야만 하는 순간들이
한꺼번에 밀려들 것입니다
당신이 평소에 간직하고 있던 신념과 확신보다도
더욱 강한 힘을 가진 죽음이
다른 모든 신념들을 전복시키면서
당신을 이끌어갑니다

라비 얼 그롤먼의 잠언집 《당신은 가고 나는 남았다》에 있는 〈슬픔을 통한 성숙〉을 되풀이해 읽으며 근래에 세상을 떠난 여러 지인들의 모습을 떠올려봅니다. 어제까지도 환히 웃으며 이야기하던 사람이 지금 이 세상에 없다는 사실은, 그를 떠나보낸 이들이 일상에 묻혀 바빠 지내다가도 문득 쓰라린 상실감과 그리움으로 마음을 아프게 합니다.

전에는 크게 생각되던 어떤 일이 지금은 하찮게 여겨지는가 하면, 한껏 욕심을 가졌던 일에 대한 집착에서도 얼마쯤은 자유로워지고, 매우 친숙했던 세상이 왠지 낯설게 여겨지는 체험도 합니다. 그리고 아직 지상에 남아 있는 내 모습을 돌아보며 자신의 죽음에 대한 준비도 좀 더 구체적으로 하고 싶은 충동을 느끼게 합니다.

"제가 죽거든 이 사진을 영정사진으로 써주십시오."라고 메모해서 수도 공동체가 관리하는 앨범에 사진을 끼워 둔 어느 수녀를 본받아 나도 흑백사진 한 장을 들고 가 그리했더니, 담당 수녀는 "갑자기 왜 그래요?" 하며 마음이 이상하다고 했습니다.

우리 각자가 언제, 어디서, 어떤 모습으로 죽게 될지를 그 누구도 예측할 순 없지만, 살아 있는 동안은 매일 한 번이라도 자신의 죽음을 앞당겨 마음속으로 생각해볼 필요가 있습니다. 세상과 이웃을 향해 구체적으로 고별 인사도 해보고 짧은 유서도 작성해보기로 해요. 상상으로나마 관 속에 누워보고, 땅속에 잠시 묻혀도 봐요. 그리하면 스스로 숙연해지고 조금은 더 겸허한 모습이 되어 일상의 자리로 돌아올 수 있지 않을까요.

먼저 떠난 이들은 우리에게 말합니다. 시간을 아껴 쓰고 마음을 맑게 가꾸라고. 늘 자기만 앞세우는 교만하고 이기적인 독선, 탐욕, 자기 도취의 어리석음에서 깨어나라고 말합니다. 아직 건강하게 살아 있을 때 좀

더 많이 웃고 즐겁게 살라고, 자연과 인간과 사물을 좀 더 긍정적으로 바라보며 늘 당연하다고 생각되는 것들에도 깊이 감사하는 연습을 하라고 말합니다. 한꺼번에 몰아서 하려면 너무 힘드니 평소에 화해하고 용서하는 너그러움, 남을 배려하는 사랑을 더 많이 연습해두라고 부탁합니다. 끊임없이 인내하고 양보하는 '작은 죽음'을 평소의 삶에서 미리 연습해두지 않으면 죽음의 순간이 올 때 마무리하기가 어렵다고 말합니다.

모처럼 눈이 많이 온 날 우리가 만든 눈사람이 꽤 여러 날 녹지 않다가 어느 날 흔적도 없이 깨끗하게 녹아버린 걸 보고 내가 말했습니다.

"우리도 죽을 때 저 눈사람처럼 남에게 부담 안 주고 깨끗하게 녹아버리면 좋지 않을까요? 난 가끔 죽음이 두렵답니다."

위험을 무릅쓰고 뇌수술을 두 번이나 받은 후배 수녀가 말했습니다.

"수녀님, 너무 걱정 마세요. 사경을 헤매던 제 경험에 의하면, 그 세계는 의외로 아주 따스한 빛의 나라로 느껴져서 그 후론 누가 죽었다고 해도 전처럼 슬프지가 않답니다. 오히려 축하해주고 싶을 정도죠. 제 인생관도 달라져서 이렇게 바보처럼 즐거이 웃기만 하잖아요. 살아 있는 오늘에 대한 충실성, 관계를 맺고 있는 이들에 대한 진실한 사랑이야말로 영원으로 이어지는 선물이라고 생각해요."

새처럼 명랑한 그의 목소리가 위로가 됐습니다.

'나도 올 한 해는 더 많이 놀라워하고, 더 많이 고마워하고, 더 많이 남을 챙겨주는 사랑을 해야지. 말도 행동도 기도도 오늘밖엔 없는 것처럼 최선을 다하고 성실을 다해서 살아야지.'라고 다짐하는데, 눈에 띄는 한 장의 사진이 있습니다. 함박눈 내리던 날, 하얀 길로 떠나간 〈하얀 길〉의 동화작가 정채봉 님이 하얀 꽃 속에 둘러싸여 엷은 미소를 짓고 있습니다. 내가 마지막으로 방문했을 때 초췌하지만 밝은 얼굴로 서명까지 해서 건네준 그의 책에서 시 한 편을 골라 읽으며 기도의 촛불을 켭니다.

꽃밭을 그냥 지나쳐 왔네
새소리에 무심히 응대하지 않았네
밤하늘의 별들을 세어보지 않았네
친구의 신발을 챙겨주지 못했네
곁에 계시는 하느님을 잊은 시간이 있었네
오늘도 내가 나를 슬프게 했네

– 정채봉의 시 〈오늘〉

감사하는 마음은

감사하는 마음은 깨끗한 마음입니다.
 투명한 유리창처럼 마음을 갈고 닦는 선함과 순수함으로 자신의 내면을 깊이 들여다보는 습관을 충실히 하는 것입니다. 그리하다 보면 매일매일 감사할 일들이 마르지 않는 샘물처럼 솟아 올라 맑은 물 한 동이씩 이웃에게 나누어주는 사람이 될 것입니다.

 감사하는 마음은 따뜻한 마음입니다.
 퉁명스럽지 않은 다정함으로 남을 배려하며 그 누구도 모질게 내치지 않는 마음, 자신의 몫을 언제라도 이웃과 나눌 수 있는 마음, 아주 사소한 것까지도 소중히 여기는 마음을 지니다 보면 늘 감사에 가득찬 어질고 부드러운 눈길을 지니게 될 것입니다.

 감사하는 마음은 겸손한 마음입니다.
 이기적인 자기 도취, 독선적인 오만함에 빠지지 않는 겸허함과 온유함입니다. 남을 섣불리 비난하기 전에 그의 좋은 점부터 찾아서 칭찬하

고 격려하는 연습을 하다 보면 어느새 감사의 인사가 즐겨 부르는 노래의 후렴처럼 자주 새어 나옴을 경험하게 될 것입니다.

감사하는 마음은 기뻐하는 마음입니다.

가끔은 슬프고 우울한 일이 생기더라도 그 안에 숨겨진 뜻을 긍정적으로 해석하려고 애쓰는 너그러움입니다. 남에게 우울을 전염시키지 않기 위해서도 밝은 쪽으로 시선을 두는 지혜를 구하다 보면 생각보다 빨리 감사의 환한 미소를 띨 수 있게 될 것입니다.

감사하는 마음은 예민하게 깨어 있는 마음입니다.

게으르고 둔감한 마음의 하늘엔 감사의 별이 환히 떠오르지 않기 때문입니다. 주위의 사람들과 사물들에 대해 마음의 눈을 크게 뜨고 민감하게 깨어 있어야만 언제 어떻게 어떤 방법으로 감사를 표현해야 할지 잘 분별할 수 있을 것입니다.

감사하는 마음은 평화로운 마음입니다.

삶의 여정에서 사람들을 조건 없이 사랑하고 이해하며 용서하는 일이 가장 어렵다는 걸 하루에도 몇 번씩 체험하게 됩니다. 그러나 용서와 화해만이 생명으로 가는 길임을 알아듣고 먼저 용서를 청하고 먼저 용서하는 그 마음엔 평화에 뿌리내린 감사가 늘 푸른 산처럼 버티고 있을 것입니다.

감사하는 마음은 기도하는 마음입니다.

자신의 한계를 인식하며 하느님과 이웃의 도움을 청하는 빈 마음, 호흡하듯 끊임없이 기도하는 마음 안에 열린 넓이와 깊이로 감사는 마침내 큰 사랑으로 이어지고 오늘에서 영원으로 이어지는 삶의 축제가 될 것입니다.

모든 게 감사해

오늘은 내가 나가는 대학에서 종강을 하며 지난 한 학기 동안 강의를 잘 들어주어 고마웠다고 마무리 인사를 하는데 언제 다시 이 젊은이들을 만날지 모른다고 생각하니 문득 눈물이 나려 했습니다. 내가 주는 작은 선물을 받으러 이름 불리워 나온 학생들 모두가 "감사합니다!" 하며 유순한 목소리로 인사하며 제자리로 돌아가는 그 뒷모습이 얼마나 든든하고 아름다웠는지!

전철을 타고 집으로 돌아오는 길엔 오랜만에 수녀원 단골 가게인 '필립보 양화점'에 잠시 들렀습니다. 주인아저씨가 반색을 하며 내 무거운 가방을 수녀원까지 들어다주었습니다. "대학을 졸업한 아이 취직 문제도 그렇고 힘든 일이 없는 건 아니지만 살아갈수록 나에겐 감사할 일밖엔 없지요. 이 모두가 다 신앙의 힘이라고 생각합니다." 하는 그의 고백이 매우 진지하고 아름답게 들렸습니다. 매일 아침 광안리 바닷가로 조깅을 나갔다가 상쾌한 마무리는 수녀원 앞뜰의 성모상 앞에서 하는데 늘 푸른 소나무 향기가 어찌나 좋은지 날마다 새롭게 감탄을 한다는 필

립보 아저씨의 그 거칠고 투박한 손이 보여주는 삶의 무늬가 나를 행복하게 했습니다.

집에 도착하니 많은 우편물 속에 멀리 캐나다에서 온 커다란 상자 하나가 있기에 열어보았습니다. 그 안에는 고운 종이로 접은 꽃과 별과 천사들로 가득하였습니다.

'고운 종이를 접어서 작은 행복과 아름다움을 만들고 싶은 저는 Happy Paper의 연구원입니다. 지난달 서울에 사는 막내 동생이 수녀님의 기도시집《사계절의 기도》를 보내왔습니다. 기쁨과 감사와 아름다움으로 가득 찬 숲 속에 나를 머물게 하는 수녀님께 참으로 고마운 마음 이루 헤아릴 수 없습니다. 수녀님은 천사의 모습을 본 적이 있으신지요? 천사는 하늘의 기쁜 소식을 사람들에게 전해주는 사자라 했지요. 내가 만든 이 작은 천사들이 여러 곳으로 날아가 많은 사람들에게 조그만 기쁨이라도 만들어주기를 간절히 바라고 있습니다.'

먼 데서 이토록 아름다운 선물을 보내준 손길에 감사하는 마음으로 앙증맞은 종이 천사들을 진열해놓고 내가 좋아하는 베네딕도회 독일인 사제 안셀름 그륀의 '감사천사'에 대한 가르침을 다시 음미하며 읽어봅니다. 사랑, 진실, 고독, 이별, 자유 등의 추상명사들도 그는 특유의 천사 이야기로 알기 쉽게 설명했습니다.

'감사천사는 그대의 삶에 새로운 맛을 넣어주고자 한다. 모든 것을 새로운 눈, 감사의 눈으로 바라보도록 가르치고 싶어 한다. 당켄danken(감사하다)이라는 말은 뎅켄denken(생각하다)이라는 말에서 나왔다. 감사천사는 그대에게 올바로 의식 있게 사고하기를 가르치고자 한다. 제대로 생각하기 시작하면 그대의 삶에 주어진 모든 것을 감사하는 마음으로 인식할 수 있을 것이다. 그대에게 생명을 주신 부모께 감사할 것이다. 부모의 긍정적인 뿌리들뿐 아니라 부모에게서 받은 상처나 아픔에 대해서도 감사할 것이다. 부모 역시 지금의 그대를 형성시켜왔기 때문이다. 상처가 없었다면 그대는 아마 식상하고 무감각한 사람이 되고 말았을 것이다. 옆에 있는 사람이 곤경에 처한 것을 보고도 지나쳐버렸을 것이다. 감사천사는 그대의 온 삶을 하느님의 천사가 동반하며 수많은 불행으로부터 지켜주었다는 것, 그대의 수호천사가 그대의 상처들도 값진 보물로 변화시켰다는 것에 그대가 눈뜨기를 바라고 있다. 자기 삶을 감사하며 바라볼 줄 아는 사람은 자신에게 일어나는 모든 일과 일치를 이루며 살아간다. 다음 주 내내 감사천사와 더불어 지내보라. 그러면 그대 자신이 모든 것을 다른 빛으로 인식하고 있음을, 그대의 삶이 새로운 맛을 얻었음을 알게 될 것이다.' – 안셀름 그륀의 《올해 만날 50천사》(분도 출판사)에서

오늘은 우리 집 뜰에 무더기로 피어난 붉은 동백꽃을 처음으로 보았습니다. 새롭게 핀 꽃나무에 눈길을 줄 여유도 없이 바삐 지낸 나의 무심함이라니!

한겨울에 동백꽃이 피기 시작하면 '또 한 해가 저물고 새로운 한 해가 오기 시작하는구나.' 하고 내 마음에도 동백꽃을 닮은 환한 꽃등 하나를 켭니다.

이번 주간에 나는 식사 시간마다 밥과 반찬을 나르는 심부름을 하고 식사는 다른 이들이 다 한 다음에 하는 주간소임을 합니다. 우리는 이 소임을 식당 복사라고 부릅니다. 우리 밭에서 뽑아낸 싱싱한 배추로 만든 겉절이를 맛있게 먹는 수녀들, 필요한 음식을 갖다주면 '감사합니다.' 하고 밝게 웃는 이들의 모습에서 나는 '이미 와 있는 하늘나라'를 봅니다. 우리가 즐겨 부르는 성가 중에 '오직 감사라고' 하는 노래를 요즘은 더욱 자주 흥얼거리게 됩니다.

'내게 누구냐고 물으면 내 이름 말하지 않고 오직 감사라고…. 영원히 모든 것에 나 네게 감사해….'로 이어지는 노래를 부르며 날마다의 삶이, 나의 이름이 그대로 감사이기를 기도해봅니다.

'항상 기뻐하십시오. 늘 기도하십시오. 어떤 처지에서든지 감사하십시오.'(1 데살로니카 5:16) 하는 구절을 색종이에 적어 창문에 붙여두고 오며 가며 마음에 새겨 읽습니다.

'감사를 표현하는 가장 좋은 방법은 모든 것을 기쁨으로 받아들이는 것입니다.'라는 마더 데레사의 말씀도 새롭게 묵상해보는 오늘입니다.

제4장 기도 일기

작은 일도 충실하게

땅에 점같이 작은 꽃씨를 심어보니 알겠습니다. 조그만 것, 힘없이 약해 보이는 것의 그 대단한 위력을 — 작은 것이 작은 것이 아님을 — 매일 매 순간을 작은 일에 충실하게 살게 하소서.

✽

가끔은 누군가에게서 못마땅한 소리를 듣게 되더라도 이를 통해 자신을 바로 보고 성숙의 계기로 삼을 수 있는 지혜를 지니게 하소서. 귀에 거슬리는 말을 들어도 '고맙다'는 인사를 잊지 않게 하소서. 저도 매일매일의 삶의 길에서 저를 이기게 하소서. 겸손으로 교만을, 사랑으로 미움을 이기게 하소서. 너그러움으로 옹졸함을, 자신을 내어줌으로 이기심을 이기게 하소서.

항아리에 기쁨을

 요즘 저는 "행복합니다."라는 말로 짧은 기도를 자주 바칩니다. 일상생활 속의 작은 것에서도 늘 큰 행복을 느끼며 살 수 있는 은혜에 감사드리고, 그렇게 느낄 수 있는 제 마음에도 조용히 박수를 보내고 싶은 마음입니다.

오늘이라는 저의 항아리에 기쁨을 가득 부어 저의 이웃과 나누고 싶습니다. 평화를 가득 부어 아직 온전히 용서 안 된 이들을 용서할 수 있는 힘을 얻게 하소서. 온유와 겸손의 물을 가득 부어 메마름을 없애고 늘 감탄과 경이로움을 향해 삶이 깨어 흐르게 하소서.

내 마음의 외딴 곳

진정 사랑하면 단순한 뜨거움이 생깁니다. 복잡한 것을 싫어합니다. 영적 갈망이 저절로 생겨날 수 있는 사랑의 단순함. 제가 구하는 것이 바로 이것입니다. 저의 기도는 오늘도 "저의 주님, 저의 하느님."으로 시작됩니다. 더 이상 긴 말이 필요치 않다고 생각됩니다. 기쁠 때도 슬플 때도 불안과 의심이 밀려와 당황할 때도 당신께서 베푸신 은총에 감사 가득한 노래를 부르고 싶을 때도 그저 "저의 주님, 저의 하느님."이라고 나직이 외우며 하늘을 봅니다.

*

사랑은 서로의 이름을 불러주는 것, 이름을 부르고 대답하는 그 삶이 침묵을 통해서 신뢰가 깊어가는 것. 그래서 서로를 더 깊이 알아가는 것. 서로의 눈빛과 음성과 마음을 아는 것.

저도 제가 사귀는 이들의 마음을 잘 알아듣게 하소서. 주님의 집에 마음으로 머물지 못하고 '낯선 손님'으로 살지 않도록 깨어 있게 하소서.

※

　말만 하고 실행하지 않는 것이 얼마나 큰 잘못인지 자주 잊고 삽니다. 좋은 말이나 좋은 글을 발견하면 자기 자신과 연관하기보다는 남에게 인용해서 가르칠 생각이나 먼저 하는 저의 오만함을 용서하소서.

　수없이 계획을 세우고 실천하지 않는 것보다는 계획표를 따로 만들지 않더라도 그날그날 주님 뜻을 헤아리며 충실하게, 민감하게 응답하는 것이 더욱 중요하다고 여겨집니다.

　하루에도 몇 번씩 마음의 '외딴 곳'을 찾아갑니다. 외딴 곳에서 조용히 내면을 들여다보며 재충전의 시간을 지니려고 노력합니다. 저의 외딴 곳은 곧 사랑하는 당신이 계신 곳이지요.

행복할 이유

 "수녀님, 저희는 늘 성실하게 살지만 기뻐할 줄을 모르는 것 같아요."

어느 독자 분이 전화로 말했습니다. 남편에게도 속히 신앙의 기쁨을 삶으로써 나누고 기쁨을 선물하고 싶지만 뜻대로 되질 않는다고….

"매일매일 새롭게 기뻐할 수 있는 지혜와 용기를 주십시오."라고 기도하고 싶은 날, 기쁨은 자신을 비우는 겸허한 마음에 피어나는 꽃이요 열매임을 알고 있습니다. 주님 덕분에 저는 행복합니다. 공동체 덕분에 저는 행복합니다. 함께 사는 이들 덕분에 저는 행복합니다. 늘 기도와 충고와 격려로써 관심을 가져주는 가족, 친지, 이웃 덕분에 저는 행복합니다. 아름다운 자연, 읽어야 할 좋은 책 덕분에 저는 오늘도 행복합니다. 행복할 이유가 참 많습니다.

내 마음의 보물찾기

믿음은 겸손을 전제로 합니다. 믿음은 기다릴 줄 압니다. 믿음은 얄팍한 계산이 아니고 깊이 있는 신뢰입니다. "네가 믿는 대로 될 것이다." 하신 주님, 오늘 하루도 당신을 믿습니다. 어제보다 더 진실한 마음으로, 어제보다 더 깊이 튼튼한 뿌리를 내리리라는 확신으로 당신을 믿습니다. 그리고 당신을 제 삶의 중심으로 새롭게 선택합니다.

✲

진실이 담긴 짧은 말, 깊은 말로 기도하는 법을 다시 배우고 싶습니다. 그동안 빈말을 되풀이했습니다. 너무 많은 말로 뜻없이 기도했습니다. 이젠 정말 기도도 짧게 하고, 시도 짧게 쓰고, 말은 적게 하고… 그렇게 살고 싶습니다.

✲

생명의 주님, 당신의 은총 안에서 내일매일 기쁨의 남은 조각을 거두어들이는 기쁨이 있습니다. 희망, 평화, 감사의 남은 조각도 거두어들여서 매일의 바구니 안에 나누기 위해 모아둡니다.

　요즘 저의 매일은 어느 때보다도 가득 찬 기쁨임을 새롭게 감사드리면서….

※

　'평화의 도구' 되게 해달라고 '평화의 기도'를 자주 바치지만, 정작 생활 안에서 평화의 사람이 되긴 쉽지 않음을 발견합니다. 오히려 극히 사소한 일로 불화의 사람이 되기가 더 쉬운 듯합니다. 평화란 그저 잔잔한 호수처럼 곱고 안정적인 것만은 아닙니다. 때로는 바람에 흔들리면서 고통에 수없이 눈물을 흘리면서 체험하는 단단하고 성숙한 평화가 진짜 평화일 것입니다.

※

　소금에 대한 묵상은 해도 해도 끝이 없고 할 적마다 새롭습니다. 우리가 날마다 정말 순수한 마음으로 사랑을 한다면 조금씩 조금씩 진짜 소금이 될 테지요? 어떤 행동을 할 때 사람들을 대할 때, 이기심을 조금만 빼어버려도 하얗게 맛좋은 소금이 될 것입니다. 한 톨의 진짜 소금이 되기 위해 아플 때도 있지만, 그래도 즐겁습니다.

※

환하고 둥근 보름달이 마음에도 걸렸습니다. 보름달처럼 흠 없게, 둥글게, 부드럽게 유순한 말과 행동으로 이웃에게 다가가는 노력을 게을리하지 않도록 도와주십시오. 욕심과 이기심으로 일그러지지 않게 도와주십시오. 남을 판단하지 않는 것이야말로 겸허한 자유인의 덕목입니다.

✽

수도생활에도 완고함은 금물입니다. 어떤 경우에도 어떤 누구에게도 양보가 없고 자기 뜻만 고집하며, 남에 대한 자비심이 없는 뻣뻣한 마음으로는 사랑의 길을 갈 수 없습니다. 완고함이 진정한 사랑을 방해하는 것임을 잊지 않게 하소서.

✽

기쁨이란 보물을 찾고 또 찾아서 갈고 닦고 나누는 초록빛 나의 삶! "나는 행복하다."고 거듭 말하고 싶어지는 나의 삶. 이러한 보물찾기가 있기에 단조롭고 단순하면서도 결코 지루하지 않은 나의 삶!

✽

잠을 자는 동안에도 당신을 깊이 사랑할 수 있기를! 늘 사랑이 낳아주는 맑고 순한 마음을 잃지 않기를! 아침에 일어나서 거울을 보고 "내가 어제보다는 좀 더 순해진 것 같아. 좀 더 아름다워진 것 같아."라고 빙그레 웃으면서 말할 수 있기를! 선한 갈망, 고운 갈망을 심어주신 나의 님이시여, 오늘도 찬미 받으소서!

순례자의 노래

11월은 진정 순례자의 달입니다. 여행, 나그네, 이별, 죽음, 쓸쓸함, 낙엽이란 단어가 먼저 떠오르는 달.

서울에서 부산으로 내려오는 길, 16칸의 길고 긴 기차에는 승객들의 서로 다른 모습만큼이나 다양한 삶의 모습도 담겨 있었지요. 기차 안에 사람들이 너무 많이 탔을 땐 조용함을 그리워하지만, 사람들이 너무 없을 땐 사람들을 다시 그리워하게 됩니다. 어떤 누구에게도 어떤 장소에도 집착하지 않고 자유로이 갈 길을 가시는 주님의 모습, 저도 많은 이들을 골고루 사랑하는 법을 배우고 싶습니다. 떠날 때는 떠나고 머물 때는 머무는 분별을 잘 할 수 있도록 도와주십시오.

✱

가을바람이 부니 마음에도 삶에 대한 고운 갈망의 바람이 서늘하게 불어옵니다. 부디 시간을 아껴 쓰는 부지런한 순례자가 되게 하옵소서. 하루하루 해야 할 평범한 일과들을 소홀히 하지 않고 충실하게 최선을 다해 할 수 있는 지혜를 주옵소서. 삶은 견디는 것, 승리는 견디는 이의 것임을 날마다 새롭게 배웁니다. '그때가 바로 지금이라면….' 오랜만에 올라가 본 묘지엔 물든 나뭇잎이 흩날리고 있었습니다.

"죽음 준비 잘하세요! 아직 시간이 있을 때 더 열심히 살아요…." 무덤 속에 누워 계신 우리 수녀님들이 저에게 나직이 속삭이는 것만 같았습니다.

✻

무얼 달라고 조르더라도 사랑스럽고 애교 있게 조르는 이에겐 작은 선물 하나라도 더 주게 됩니다. 무뚝뚝하고 시무룩하게 멀찌감치서 지켜보기보다는 먼저 붙임성 있게 말을 건네고 밉지 않게 독촉하는 것이 더 정답고 반가운 것임을, 제가 가르치는 학생들과의 관계를 통해서 다시 느끼고 배우게 됩니다. 우리가 기도할 때도 주님께 좀 더 애교 있게 조르는 사랑스러움이 필요한 게 아닐까? 문득 생각해보았지요.

✻

제가 늘 마음놓고 들어갈 수 있는 하나의 집은 당신뿐입니다. 주님, 오늘도 문을 열어주십시오. 평화의 길이신 주님, 저도 당신을 닮은 평화의 길이 되게 해주십시오. 그 길로 사람들이 지나갈 수 있기를 원합니다. 다만 하나의 밝은 길이 되기 위한 어둠의 시간들을 잘 견디어낼 수 있도록 도와주십시오.

✽

늘 맑게 살기 위해서는 얼마나 깊이 깨어 있어야 하는지! 늘 자유롭게 살기 위해서는 얼마나 더 욕심을 줄이고 절제해야 하는지! 교만이 숨어 있는 율법보다는 비난을 받게 되더라도 겸손이 담긴 사랑을 선택할 수 있는 용기를 지니고 싶습니다.

✽

주님, 오늘 하루도 새롭게 처음부터 다시 시작하는 수련생이게 하소서. 약간은 떨리는 수줍음, 순수한 눈빛을 잃지 않고 사랑하는 일을, 기도하는 일을 끝까지 계속할 수 있도록 함께하여 주십시오. 자신은 위선적인 행동을 잘도 하면서 다른 이의 위선을 못 견뎌 하는 위선에 빠지지 않도록 도와주십시오. 저의 위선이 느껴질 때 얼른 마음을 갈고 닦으며 기도에서 힘을 얻을 수 있는 지혜를 지니게 해주십시오.

✽

먹구름 속에서도 흰구름 속에서도 당신을 보고 듣습니다. 요즘은 유난히 구름이 많은 하늘을 보며 당신을 기억합니다. 주님, 저도 당신의 마음에 드는 구름, 이웃의 마음에 드는 구름이고 싶습니다.

✽

제 삶의 길에서 이미 너무 많은 기적을 이루어주셨기에 다른 기적을 달리 청할 필요를 느끼지 않습니다. 하루하루가 은총이고 기적임을 살아갈수록 깊이 깨닫습니다.

✽

진정 사랑하면 어머니가 되듯이 어린이가 된다는 것을 알고 있느냐고요? 눈은 맑고, 마음은 밝은 어린이, 의심 없이 다른 이를 신뢰하는 어린이, 단순하게 사랑받고 사랑하는 어린이가 되고 싶습니다. 사랑의 길에서 복잡한 것은 금물. 단순한 것, 순수한 것, 맑은 것, 천진한 것, 기쁜 것, 의심이 많지 않고, 궁리가 많지 않고 전적으로 믿고 바라는 신뢰가 있는 것, 그래야만 진정 사랑한다고 말할 수 있겠습니다.

✽

즉흥적으로 헛된 약속을 하고 감당 못 하는 실수를 저지르지 않도록 해야겠습니다. 약속은, 특히 말로 하는 약속은 가장 사려 깊고도 신중하게 할 것, 아주 작은 약속이라도 자기가 한 것에 대해서는 끝까지 책임지는 성실함을 지녀야겠습니다.

✽

'구하라, 찾아라, 두드려라!' 오늘 미사 중 마음의 샘에 고여오던 영적 기쁨을 그 무엇에 비길 수 있을까요? 대숲의 바람 소리 같기도 하고 소나무숲의 초록 바람 같기도 한 그러한 기쁨, 예수와 성령께서 주시는 참 아름다운 기쁨….

✽

저녁에 종종 흙냄새 맡으며 잡초 뽑는 일을 하면 즐겁습니다. 제 마음의 밭도 그러할 테지요. 그날그날 잘못된 것을 제때에 뽑아내면 덜 힘들겠지만, 무척 오랜만에 한꺼번에 뽑으려고 하면 얼마나 힘이 드는지! 현재에 대한 충실함이 가장 중요함을 풀을 뽑으면서 다시 생각합니다.

✽

요즘은 너무 부족하고 마음에 안 드는 저를 받아들이고 견디며 또 하루를 시작하는 것, 이것이 저의 봉헌 예물입니다. 먼저 제 자신과 화해를 해야 선행도 위선이 되지 않을 테지요. 자신을 올바로 사랑하는 것도 쉬운 일은 아닙니다. 늘 연습이 필요합니다.

✽

"깊은 우정이란 각자의 선택 받음을, 그리고 하느님의 눈에 각자가 소중함을 서로 격려하고 인정해주는 것이다." "나를 사로잡는 사실 하나는 우리가 감사하기로 결정할 때마다 새롭게 감사해야 할 것을 발견하는 일이 더 쉬워진다는 사실이다. 사랑이 사랑을 낳듯이 감사 또한 감사를 더 불러일으킨다."라고 말했던 헨리 나웬. 그의 책들은 읽을 때마다 '더 아름답게 살고 싶은' 열망의 불꽃을 지펴주고 감동을 줍니다.

✽

하늘이 흐렸다, 갰다, 구름이 나타났다, 사라졌다, 바람이 불었다, 멈추었다 하는 것을 계속 지켜보고 느끼면서 우리 집 오래된 오동나무, 동백나무 아래 조용히 앉아 있으려니 그것만으로도 충분히 행복했습니다. 생각이란 것도 오랜 시간 속에 잘 익어야만 좋은 글을 쓸 수 있음을 오래된 나무들 아래서 다시 생각했지요.

✽

오늘은 비가 내립니다. 꽃밭의 꽃들도 빗소리를 듣겠지요? 아니, 빗물을 마시며 흠뻑 취하겠지요? 저도 당신 사랑의 비에 흠뻑 취하고 싶습니다. '이렇게 행복해도 되는 것일까?' 몇 번이고 자문하면서….

침묵의 외침을 듣게 하소서

"주님 저에게 자비를 베풀어주십시오. … 주님, 제가 볼 수 있게 해주십시오." 하고 외치던 맹인의 기도는 바로 오늘 이 시간 저의 기도이기도 합니다. 언제 어디서나 자신만 생각하는 이기심에 빠져 있으면 제대로 보이지 않고, 제대로 들리지도 않음을 얼마나 자주 체험하였는지요! 사랑해야만 잘 보입니다. 적어도 그렇게 노력해야만….

이렇게 하면 이렇게 한다 하고 저렇게 하면 또 저렇게 한다며 비난하는 사람들, 잘 알아보지도 않고 늘 자기 생각대로만 함부로 말을 내뱉는 사람들, 이러한 사람들 때문에 몹시 괴로울 때가 있지만 나도 그런 잘못을 곧잘 범하기에 성을 낼 자격은 없다고 봅니다. 왜 우리는 침묵하지 못할까요? 십자가 위의 주님처럼은 못 되더라도 왜 가장 기본적인 보통 침묵조차 지키기가 이토록 어려운 것일까요?

※

행여라도 편견을 갖고 사람들을 대하지 않도록, 무심결에라도 무시하는 말이나 몸짓으로 상처를 주지 않도록 깨어 있어야겠습니다. 누구라도 단죄하거나 함부로 비난하는 독선을 거듭하지 않기를 기도합니다.

✼

"언니, 있잖아, 때로는 사는 게 허무할 때가 있어. 그래도 난 예수님이 제일 좋고… 그분에게서 살아갈 힘을 얻어."

멀리 태평양 건너에서 전화를 건 아우 로사의 음성을 들었던 날, 당신을 찾아 나선 길의 사람들처럼 저도 당신을 찾아 나섭니다. 언제 바람을 만날지 파도를 만날지 예측할 수 없는 가운데 당신께 향한 신뢰로 두려움을 물리치고 오늘의 배를 탑니다.

✼

제 좁은 그릇에 하늘만큼 큰 당신 사랑을 담을 수는 있습니다. 그러나 제가 다른 이를 하늘만큼 푸르게 끝없는 사랑으로 다가가기는 참으로 힘이 듭니다. 당신이 곁에 계셔서 힘을 주셔야만 저는 아주 작은 사랑이라도 할 수 있습니다. 당신을 빼고 저 혼자서 하는 사랑은 내내 고달프고 허전하기만 합니다.

✼

육체적 질병이 드러나지 않더라도 덕에 나아가지 못한 나약함, 허약함, 게으름으로 저는 당신 앞에 병자입니다. 저를 가엾이 여기소서. 저에

겐 당신의 자비가 필요합니다. 당신의 자비로 저를 고쳐주소서.

*

성탄 카드와 편지에 수도 없이 '엠마누엘'이라고 써왔지만, 그냥 형식적으로 써버릴 때가 많았습니다. 의심 없는 믿음, 두려움 없는 용기, 다른 이의 허물을 감싸 안고 용서하는 사랑을 실천해야만, 적어도 실천하려는 강한 노력이 있어야만 기쁘고도 떳떳하게 '엠마누엘'이라는 인사를 할 수 있다고 생각됩니다.

엠마누엘! 세상에게, 이웃에게, 그리고 나 자신에게 두 팔 벌리고 큰 웃음으로 엠마누엘! 구유 앞에서 우리는 오늘 서로를 더욱 용서합니다. 서로가 서로에게 믿음과 희망이 되어줍니다. 진정 고마워합니다. 엠마누엘!

빛이여, 말씀이여, 사랑이여, 너무도 깊고 큰 사랑이여, 당신을 알아뵐 수 있는 눈을 주소서. 당신의 큰 사랑, 침묵의 외침을 알아들을 수 있는 귀를 주소서. 그 사랑 세상 끝까지 선포할 수 있는 입을 주소서. 메리 크리스마스!

*

성탄을 기다리는 하루 한순간이 당신을 향한 그리움, 기다림의 기쁨으로 깨어 있게 하소서. 당신의 오심을 준비하는 마음이 늘 즐겁게 하소서. 올해도 큰 사랑으로 채워주시고, 넓은 자비로 용서해주시며, 깊은 이해로 기다려주셨음에 감사드립니다.

※

오늘 이 시간에도 무참히 살해당하는 낙태아들을 위해 기도합니다. 태어나지도 못하고 죽임을 당한 아기들의 서러운 울음소리가 어디선가 들려오는 듯합니다. 생명 자체이신 주님, 모든 여인들의 마음에 생명에 대한 자비와 온유함과 죄에 대한 두려움을 심어주소서.

※

아기 예수와 성모 마리아를 보호하며 어려운 길로 피신을 가야 했던 성 요셉. 그 고독했을 순례의 여정을 기억하며 저도 안주하지 않고 길 떠날 수 있는 용기를 지니고 싶습니다. 길에서 만나는 어려운 일들을 넓은 마음으로 받아 안고 잘 헤쳐 나갈 수 있는 지혜를 주소서.

※

천년이 끝나고 새로운 천년기가 다가오는 이 시대를 살고 있는 나. 큰 바다의 물 한 방울, 큰 숲 속의 풀 한 포기, 영원 속의 점 하나 같은 나이지만 오늘을 이렇게 눈부신 햇살 아래 살아 있음이 얼마나 신비롭습니까?

모두 사랑하게 하소서

하얀 찔레꽃이 향기로 말을 건네오고, 탐스럽게 핀 덩굴장미가 길목마다에서 환한 웃음을 밝혀주는 계절입니다.

"꼭 필요한 만큼의 비를 주십시오." 하고 간절히 기도하는 마음으로 자꾸만 하늘을 올려다보는 요즘 저는 "모든 것을, 모든 사람을 새롭게 사랑하게 하소서." 하는 기도를 자주 바칩니다. 뒷산에서 오랜만에 뻐꾹새 소리가 들려오는 이 아침, 오늘은 이런 기도를 바치면서 하루를 시작해봅니다.

우리나라를 진심으로 사랑하게 해주십시오.

세계 지도에서도 눈을 크게 떠야 찾아낼 수 있는 아주 조그만 나라, 반세기나 분단의 아픔을 안고 있으며 지금은 경제적 어려움으로 몸살을 앓고 있는 우리나라에 대해 때로는 이런저런 이유로 실망도 더러 하지만, 제가 태어난 모국이라는 사실 하나만으로도 끝까지 사랑할 수 있는 인내를 지니게 해주십시오.

사계절이 뚜렷해서 아름다운 모국의 산천을 더 잘 가꾸겠다고 다짐하

며 그동안의 무관심과 냉담함을 부끄러워합니다.

나라를 위해 일하는 사람은 특정한 정치인들뿐만 아니라 저 자신도 포함되어 있음을 기억하게 해주십시오.

목숨까지 바쳐서 나라를 사랑한 사람들을 종종 기억하며 닮으려는 의지를 갖게 해주십시오. 흰옷 입은 조상들의 기침 소리가 들려오는 듯한 이 아침, '우리나라의 오늘 날씨는….' 하는 뉴스의 '우리'라는 단어가 더욱 정겹습니다.

저의 이웃을 진심으로 사랑하게 해주십시오.

기뻐하는 이와 함께 기뻐하고, 슬퍼하는 이와 함께 슬퍼하는 열린 마음을 지니고 그들의 모습에서 자신을 발견할 수 있는 지혜를 구합니다.

모르는 이웃을 위해서까지 기꺼이 목숨을 바쳤던 위인들의 삶에는 못 미치더라도 항상 다른 이의 처지를 충분히 헤아리고 먼저 이해하는 넓은 마음을 키워가게 해주십시오.

특히 돌봄이 필요한 어린이, 장애인, 노약자들을 외면하지 아니하고 작은 도움이나마 줄 수 있는 따뜻하고 폭넓은 마음을 지니게 해주십시오. 봉사하는 것을 이유로 스며들기 쉬운 자만심, 우월감, 허영심의 유혹에 빠지지 않게 해주십시오. 사람들에 대한 섣부른 판단은 되도록 보류하고 해야 할 사랑의 일에는 빠른 발걸음으로 날려갈 수 있는 민첩함을 익히게 해주십시오.

저의 가족을 진심으로 사랑하게 해주십시오.

세상에서 누구보다 정답고 소중한 줄 알고 있지만 너무 가까이 있기에 오히려 소홀하게 대하기도 쉬운 사람들. 서로의 이야기를 좀 더 정성껏 귀담아듣지 않아 서운함을 안겨주고 때로는 함부로 말함으로써 상처를 주고받기도 하는 사람들. 가장 사랑해야 할 이들이 서로 미워하고 시기하고 갈라서는 비극과 불행에서 지켜주십시오.

죽음의 순간에 이르러서야 뒤늦게 후회하지 말고 함께 살아 있는 동안 서로 먼저 이해하고, 서로 먼저 용서할 수 있는 사랑의 관계를 끊임없는 노력으로 이루어가게 해주십시오.

저 자신을 진심으로 사랑하게 해주십시오.

바쁘다는 것을 핑계로 내면을 깊이 들여다보지 않아 스스로를 외롭게 만들고 사소한 일로도 쉽게 의기소침해지는 저를 봅니다. 근심 걱정의 무게에 짓눌리고 불안과 우울의 늪에서 헤어나지 못해 곧잘 주위 사람에게까지 우울을 전염시키는 저를 봅니다.

이런 모습에서 벗어나 좀 더 밝고 긍정적인 시선으로 자신을 바라보며 사랑할 수 있도록 도와주십시오. 사람들을 차별하지 않는 사랑, 양심을 물질에 팔지 않는 자유, 거짓을 말하지 않는 용기, 해야 할 일을 미루지 않는 성실함, 말과 행동이 어긋나지 않는 성숙함, 잘난 체하지 않는 겸손함, 잘못한 것을 남의 탓으로 돌리지 않는 떳떳함 등. 제가 마땅히 있어야 할 자리에서 멀리 있는 저를 보며 안타까워합니다.

 그러나 이 모든 것을 하루아침에 이루려 하지 말고 일생을 두고 꾸준히 노력하는 인내와 기다림으로 행복하게 해주십시오. 선과 진리와 아름다움을 향한 그리움으로 저의 하루하루가 늘 새로운 감사와 기쁨의 선물이게 해주십시오.

사랑을 재촉하는 지혜

"내 입은 님의 찬미로 가득 차 있고, 진종일 당신께 영광을 드리나이다." 라는 시편 구절을 자주 읽는데도 오늘은 유난히 마음에 와닿았습니다. 이 구절이 입술뿐 아니라 마음의 기도, 삶의 기도가 되도록 해야겠다고 다짐합니다.

강의 준비를 하다 마주치는 교부들의 묵상 글이 좋아 부분적으로 복사하거나 손으로 베껴 쓰다가 그 말씀을 통째로 다 마셔버리고 싶은 생각이 듭니다. 그래. 좋은 말, 옳은 말, 감동을 주는 말들을 참 많이도 읽어왔고 남에게 전해주기도 했지만 내가 그대로 살도록 애쓰지 않는다면 아무 소용이 없는 것입니다. 읽은 것을 그대로 실천하는 사람만이 행복할 수 있습니다.

"끊임없이 기도에 전념하십시오. 지금보다 더 많은 분별력을 청하십시오. 잠들지 않는 정신으로 깨어 있으십시오. 사람들 각자에게 이야기할 때도 하느님이 주시는 일치 속에서 하십시오. 완벽하게 경기에 임하는 선수처럼 모든 이들의 잘못을 참아주십시오. 수고가 많으면 얻는 것도 많은 법입니다." – 안티오키아의 성 이냐시오스

진리의 애인 되게 하소서

어떤 경우에라도 사람들을 겉모양만 보고 속단하는 일이 없게 하소서. 다른 이들이 가까이하길 꺼리는 듯한 이들에게 오히려 가까이 다가가 마음을 열고 진실한 벗이 될 수 있는 진정한 사랑의 용기를 허락해주소서. 외모, 지식, 직위에 따라 사람을 차별하는 잘못을 저지르지 않도록 깨어 있고 또 깨어 있게 하소서.

가장 짧은 기도에 가장 깊은 사랑을 담아 이렇게 고백하고 싶습니다.

주님, 당신은 저의 생명이십니다. 그래서 지금껏 살아왔습니다.

주님, 당신은 저의 사랑이십니다. 그래서 지금껏 사랑할 수 있었습니다.

주님, 당신은 저의 길이십니다. 그래서 지금껏 걸어올 수 있었습니다.

주님, 저는 오늘도 당신의 땅에 뿌리를 내리는 나무가 되렵니다. 지나가는 모든 것은 다 모래입니다. 결코 모래밭에 뿌리를 내리지는 않을 것입니다. 이제는 제가 당신의 그 이름을 부르는 것만으로도 슬기로워진다는 것을 조금은 알고 있습니다. 당신의 사랑을 기쁜 소식으로 전하는 도구가 될 수 있도록 날마다 새롭게 제 이름을 불러주십시오. 당신께서 마

음에 두셨던 제자들을 부르심같이 오늘도 새롭게 저를 불러주십시오. 저도 새로운 마음으로 당신께 대답하겠습니다. 세상에 사는 동안 끊임없이 제 이름을 불러주십시오. 제가 당신을 알아뵙지 못하고, 알아듣지 못하고, 낯설어할 때마다 조용히 제 이름을 불러주십시오. 이름 부름이 필요 없는 그날 그 마지막 순간까지 제 이름을 불러주십시오. 제 안에서 당신을 향한 사랑이 나날이 자라나고, 익어가게 해주십시오.

제 안에 들어와 넓은 바다 되소서

빈말을 되풀이하고 산만한 마음으로 말을 많이 하고 이기적으로 고백하고…. 저는 아직도 기도할 줄 모릅니다. 그래서 '주님의 기도'에 의지할 때가 많습니다.

화살기도는 나의 기쁨. 그야말로 원 샷입니다. 매일매일 순수한 지향을 지니는 업그레이드가 필요하고 자신만의 창조적인 홈페이지를 꾸미는 것과도 같답니다. 더욱 발전시켜야겠어요. 짧지만 매우 깊고 맑은 기도, 행복한 화살기도를!

✺

낯선 아이들끼리도 금방 친해지는 어린이들의 모습을 보면서 배우는 게 많습니다. 어린이의 단순함, 투명함, 명랑함, 신뢰…. 성녀 소화 데레사가 실천한 영적 어린이의 길을 저도 이젠 더욱 본격적으로 본받을 수 있기를! 그래서 좀 더 기쁘게 행복할 수 있기를 기도합니다.

"우리 아빠는 가족들에게 잘못한 일이 많고 엄마도 저도 모두 상처를 받았지만, 그래도 용서해드리고 기도해야 한다고 생각해요. 우리 아빠니까요…."

어린 십 대 소녀의 편지를 받고 배울 점이 많았습니다.

저도 아침에 눈을 뜨면 '사랑해야지' 결심합니다. 저녁에 눈을 감으며 '사랑해야지' 다시 결심합니다. 그러나 용서하지 않는 사랑은 사랑이 아님을 당신은 깨우쳐주십니다. 어느 땐 일상생활 안에서 아주 사소한 부분을 용서 못 하고 품어두는 옹졸한 제 모습을 봅니다. 용서는 사랑의 큰 시작임을 다시 알아듣고 다시 실천하게 하소서.

잘 사랑한다는 것

잘 사랑하는 것은 잘 듣는 것임을 자주 생각하게 되는 요즘, 나는 종종 이런 기도를 바쳐봅니다.

    오늘도 잘 들으라고 저를 초대하시는 주님
    좀 더 잘 듣는 연습을 하겠다고
    매일 새롭게 결심하지만
    자주 실수하고 실천이 어려운 저에게
    부디 잘 듣는 겸손함과 참을성을 주십시오
    주님과 이웃을
    자연과 사물을
    자신이 따라야 할 마음의 소리를
    예민하게 들으며 깨어 있는 사람
    그래서 더욱 사랑을 넓혀가는
    아름다운 사람이 되게 해주십시오.

12월의 촛불 기도

향기 나는 소나무를 엮어
둥근 관을 만들고
4개의 초를 준비하는 12월
사랑으로 오시는 예수님을 기다리며
우리 함께 촛불을 밝혀야지요?

그리운 벗님
해마다 12월 한 달은 4주 동안
4개의 촛불을 차례로 켜고,
날마다 새롭게 기다림을 배우는
한 자루의 촛불이 되어 기도합니다.

첫 번째는 감사의 촛불을 켭니다.
올 한 해 동안 받은 모든 은혜에 대해서
아직 이렇게 살아 있음에 대해서 감사를 드립니다.

기뻤던 일, 슬펐던 일, 억울했던 일, 노여웠던 일들을
힘들었지만 모두 받아들이고 모두 견뎌왔음을
그리고 이젠 모든 것을 오히려 '유익한 체험'으로
다시 알아듣게 됨을 감사드리면서
촛불 속에 환히 웃는 저를 봅니다.

비행기 테러로 폭파된 한 건물에서
먼지를 뒤집어쓴 채 뛰어나오며
행인들에게 소리치던 어느 생존자의 간절한 외침
"여러분 이렇게 살아 있음을 감사하세요!" 하는
그 젖은 목소리도 들려옵니다.

두 번째는 참회의 촛불을 켭니다.
말로만 용서하고 마음으로 용서 못 한 적이 많은
저의 옹졸함을 부끄러워합니다.
말로만 기도하고 마음은 다른 곳을 헤매거나
일상의 삶 자체를 기도로 승화시키지 못한
저의 게으름과 불충실을 부끄러워합니다.
늘상 섬김과 나눔의 삶을 부르짖으면서도
하찮은 일에서조차 고집을 꺾지 않으며
교만하고 이기적으로 행동했던 날들을

뉘우치고 뉘우치면서
촛불 속에 녹아 흐르는
저의 눈물을 봅니다.

세 번째는 평화의 촛불을 켭니다.
세계의 평화,
나라의 평화,
가정의 평화를 기원하면서 촛불을 켜면
이 세상 사람들이 가까운 촛불로 펄럭입니다.
사소한 일에서도 양보하는 법을 배우고
선과 온유함으로 사람을 대하는
평화의 길이 되겠다고 다짐하면서
촛불 속에 빛을 내는
저의 단단한 꿈을 봅니다.

네 번째는 희망의 촛불을 켭니다.
한 해가 왜 이리 빠를까?
한숨을 쉬다가
또 새로운 한 해가 오네
반가워하면서
다시 시작하는 설렘으로 희망의 노래를

힘찬 목소리로 부르렵니다.

겸손히 불러야만 오는 희망
꾸준히 갈고 닦아야만 선물이 되는 희망을
더 깊이 끌어안으며
촛불 속에 춤추는 저를 봅니다.

사랑하는 벗님
성서를 읽으며 기도하고 싶을 때
좋은 책을 읽거나 글을 쓸 때
마음을 가다듬고 촛불을 켜세요.
하느님과 이웃에게 깊이 감사하고 싶은데
적당한 말이 떠오르지 않을 때
촛불을 켜고 기도하세요.
마음이 불안하고 답답하고 힘들 때
촛불을 켜고 기도하세요.

촛불 속으로 열리는 빛을 따라
변함없이 따스한 우정을 나누며
또 한 해를 보낸 길에서
또 한 해의 길을 달려갈 준비를
우리 함께 해야겠지요?

또 한 해를 보내며

우리는 순결하지 못했습니다.

맑고 순결한 아름다움을 꿈꾸면서도 우리의 눈과 귀와 입을 맑고 순결하게 다스리지 못했습니다. 쾌락과 기쁨을 분별 못 하고 감각적인 것에 탐닉한 적이 많았으며, 내면의 뜰을 가꾸는 일에 소홀했습니다. 자신과 상관없는 일에 대한 호기심, 지나친 성취욕, 무절제한 삶으로 일상의 균형을 깬 적도 적지 않습니다.

우리는 겸손하지 못했습니다.

실수한 것에 대해 충분히 반성하지 않고 모르는 것을 모른다고 말할 겸손과 용기가 부족했습니다. 감사해야 할 일들을 찾아 기뻐하기보다 불평을 자주 했으며, 선의의 충고조차 선선히 받아들이지 않았습니다. (남의 인격을 무시하는 말을 하면서도 습관적으로 합리화하곤 했습니다.)

우리는 사랑하지 못했습니다.

서로를 관심 있게 바라보고 들어주고 배려하는 자비심이 부족했습니다.

다른 이의 허물을 감싸주고 이해하기보다 참을성 없는 몸짓과 언어로 상처를 주었으며, 때로는 지나치게 이기적인 요구로 주위 사람들을 불편하게 했습니다. (어려운 이들을 실제로 돕기보다 말로만 위로하거나 아예 무관심한 적이 많았습니다.)

우리는 평화롭지 못했습니다.

다른 이의 고통과 불행에 깊이 동참하는 노력을 게을리했고, 방관자의 입장으로 지켜보는 마음엔 평화가 깃들지 않아 괴로웠습니다. 평화는 먼 데 있는 꿈과 이상이 아니라 우리가 서로 회개하고 용서하고 나눔으로써 이루어내야 할 구체적 열매임을 새롭게 배운 한 해였습니다.

"그날 밤의 꿈이 평화스럽도록 하루를 살고, 노년의 삶이 평화스럽도록 젊은 시절을 살고, 내세의 삶이 평화스럽도록 노년의 삶을 살라."는 인도의 격언을 매일 한 번씩 외우며 걸어왔던 한 해를 보내고 다시 고마운 마음으로 새해의 언덕을 넘으려 합니다. 같은 잘못 반복해도 다시 시작할 수 있는 희망이 있어 우리는 다시 웃을 수 있는 것이겠지요?

나의 주변 정리는 아직도 미흡하고
어제 하던 일의 마무리도 남았는데
불쑥 들어서는 손님처럼
다시 찾아오는 새해를 친구여

우리는 그래도

망설임 없는 기쁨으로 맞이하자

우리의 좁디좁은 마음엔

넓은 바다를 들여놓아

넓은 사랑이 출렁이게 하고

얕고 낮은 생각 속엔

깊은 샘을 들여놓아 깊은 지혜가 샘솟게 하자

살아 있음의 축복을 함께 끌어안으며 친구여

새해엔 우리 더욱 아름다운 모국어로 아름다운 말을 하고

아름다운 기도를 하자.

- 나의 시 〈새해 첫날의 엽서〉에서

새해의 약속은 이렇게

또 한 해를 맞이하는 희망으로
새해의 약속은 이렇게 시작될 것입니다

'먼저 웃고
먼저 사랑하고
먼저 감사하자'

안팎으로 힘든 일이 많아
웃기 힘든 날들이지만
내가 먼저 웃을 수 있도록
웃는 연습부터 해야겠어요

우울하고 시무룩한 표정을 한 이들에게도
환한 웃음꽃을 피울 수 있도록
아침부터 밝은 마음 지니도록 애쓰겠습니다

때때로 성격과 견해 차이로

쉽게 친해지지 않는 이들에게

사소한 오해로 사이가 서먹해진 벗에게

내가 먼저 다가가 인사하렵니다

사랑은 움직이는 것

우두커니 앉아서 기다리기만 하는 것이 아니라

먼저 다가가는 노력의 열매가 사랑이니까요

상대가 나에게 해주기 바라는 것을

내가 먼저 다가가서 해주는

겸손한 용기가 사랑임을 믿으니까요

차 한 잔으로, 좋은 책으로, 대화로

내가 먼저 마음 문을 연다면

나를 피했던 이들조차 벗이 될 것입니다

습관적인 불평의 말이 나오려 할 땐

의식적으로 고마운 일부터 챙겨보는

성실함을 잃지 않겠습니다

평범한 삶에서 우러나오는 감사의 마음이야말로

삶을 아름답고 풍요롭게 가꾸어주는

소중한 밑거름이니까요

감사는 나를 살게 하는 힘

감사를 많이 할수록

행복도 커진다는 걸 모르지 않으면서

그동안 감사를 소홀히 했습니다

해 아래 사는 이의 기쁨으로

다시 새해를 맞으며 새롭게 다짐합니다

'먼저 웃고

먼저 사랑하고

먼저 감사하자'

그리하면 나의 삶은

평범하지만 진주처럼 영롱한

한 편의 시詩가 될 것입니다

다섯 가지 결심

날마다 눈을 뜨면 다시 해보는 나의 다섯 가지 평소의 결심들을 새해 아침엔 더욱 새롭게 불러 모아 잘 실천할 수 있도록 해주십사고 두 손 모읍니다.

첫째는 내가 매일 하는 모든 일을 아무 생각 없이 건성으로 하지 않고 반드시 사랑의 마음이 들어간 지향을 지니고 하겠다고 결심합니다. 지향을 지니고 사는 삶이란 습관적으로 반복되는 일상의 삶에 빛나는 별을 한 개씩 심는 것이라고 생각합니다.

예를 들면, 월요일은 땀 흘려 수고하는 농민들과 각 분야의 직장인들을 위하여, 화요일은 특별히 내가 속해 있는 공동체의 일치와 평화를 위하여, 수요일은 부모·친지·친구·은인들을 위하여, 목요일은 종파에 관계없이 자신의 삶을 온전히 봉헌한 모든 성직자·수도자들을 위하여, 금요일은 감옥에 갇힌 이들과 병자들과 근심에 쌓인 이들을 위하여, 토요일은 군인들과 청소년들을 위하여, 그리고 일요일은 모든 예술인을 위하여. 이런 식으로 지향을 두고 하루를 지내다 보면 어려운 일에도 짜증을 덜 내게 되며 기도가 일상의 삶과 좀 더 구체적으로 연결되어 있는 느낌이 들어 좋습니다. 충만한 삶이란 그럭저럭 시간을 메우는 것이 아니고 순간순간 최선을 다하는 예술임을 깨닫게 되지요.

둘째는 오늘 할 일을 내일로 미루지 않겠다는 평범한 결심을 더욱 충실하게 실천하리라 다짐하는 것입니다. 내가 할 일을 누군가에게 미루고 싶은 게으름에 빠질 적엔 "내가 아니면 누가?"라고 스스로에게 묻고, 당장 해야 할 일을 자꾸만 나중으로 미루고 싶을 적엔 "지금 아니면 언제?" 하고 스스로에게 물으면서 자신에게 틈을 주지 않도록 합니다.

자기만의 시간표를 잘 짜서 우선순위를 정하고 계획 메모를 습관적으로 하다 보면, 나중엔 이것 자체가 마지못해 하는 의무가 아니라 하나하나 사랑으로 엮어가는 멋진 취미로 바뀌게 됩니다. 이웃과의 약속, 자신과의 약속은 아주 작은 것이라도 지킬 수 있도록 자기를 훈련시켜간다면 행복의 얼굴이 바로 가까이 있음을 알게 될 것입니다.

셋째는 늘 당연하다고 생각되었던 부분들에 대해서 새로운 감동을 지니고 겸허하게 감사하는 것입니다.

참된 겸손이란 자기 안에서 빠져나와 주변을 보고 경탄하는 것이라고 배웠습니다. 너무 가까이 있기에 오히려 소홀하기 쉬운 내 주변의 사물들, 사람들을 좀 더 새로운 눈으로 바라보고 경탄하며 고마운 표현을 자주 하겠다고 다짐합니다. 고마운 마음을 미루지 않고 제때에 표현하는 것 또한 소중한 삶의 지혜라고 여겨집니다.

'그냥 마음으로 감사하면 되지 모든 걸 꼭 말로 표현해야 하나?' 하는 생각이 들기도 해서 처음엔 좀 어색하더라도 자꾸 연습하다 보면 진정 아름답고 좋은 습관으로 자리 잡을 것입니다. '살아 있는 날이 오늘밖엔 없는 것처럼' 의식적으로 생각하기 시작하면 감사 목록에 들어갈 항목이 얼마나 많이 늘어나는지요!

당연한 것이 당연한 것이 아님을 좀 더 예민하게 알아듣게 됩니다.

넷째는 어린이와 같은 단순성으로 모든 일에 기쁨을 발견하려 애쓰고, 이렇게 찾아 얻은 기쁨을 이웃과 나누고 싶습니다. 멋진 나무들, 꽃의 향기, 새소리, 사람들의 웃음과 격려의 말에서도 기쁨을 발견하지만 때로는 예기치 않은 상황들, 나를 아프고 힘들게 하는 시련 속에서도 숨겨진 보물을 찾아내어 기뻐할 수 있도록 나를 길들일 것입니다. 또한 잠시 이기심에서 빠져나와 사소한 말이나 행동으로도 다른 사람을 기쁘게 하려고 애쓰다 보면 절로 맺게 되는 기쁨의 열매들을 더 많이 맛보며 행복해지고 싶습니다.

다섯째는 항상 남을 이해하고 배려하는 고운 말씨를 쓰려고 노력하는 것입니다. 아무리 화가 나는 경우라도 거칠고 극단적인 말을 씀으로써

듣는 이에게 상처를 주는 일이 없도록 '고운 말씨 수첩'을 하나 만들겠습니다.

그래서 왼쪽엔 내가 평소에 하는 말 중에 부정적이거나 고치고 싶은 말을 적고, 오른쪽엔 좀 더 긍정적이고 남에게 기쁨을 주게 될 아름다운 말을 적어놓고 기회가 올 적마다 연습을 해봅니다. 또 어떤 페이지에는 내가 실수해서 남에게 상처를 준 말, 남을 행복하게 해주었던 말을 적어두기도 합니다. 문득 잊고 있던 우리나라 고운 말을 어느 대화나 책에서 발견하면 이것도 적어두었다가 적절히 사용합니다.

일상생활 안에서 고운 말 쓰기의 명수가 되지 않고는 결코 향기로운 인품을 기대할 수 없으며, 덕의 길에서도 아직 멀리 있는 것이라고 생각합니다.

"남의 말을 다 듣지도 않고 대답하지 말며, 남의 이야기를 가로막지도 말아라. 나와 관계없는 일을 가지고 다투지 말며, 알아보지도 않고 남을 비난하지 말라."는 집회서의 말씀을 지침으로 삼고 올 한 해도 잘 듣고 잘 말하는 한 해가 되도록 기도하며 깨어 있으럽니다.

제5장 ✤ 그리움이 되는 편지

편지 쓰는 사랑을

오늘은 모처럼의 휴일이라 둥근 초록빛 책상 앞에 앉아 수십 통의 편지를 썼습니다. 그동안 미루어둔 답장을 쓰려니 시간이 걸리지만 각종 편지들을 마주하고 앉으면 이웃과 친지들을 향해 잊고 있던 감사와 존경과 사랑의 마음이 새록새록 따뜻하게 솟아오릅니다. '사람들의 정성에 내가 보답을 못 하고 너무 무심했구나.' '귀한 선물을 늘 당연한 듯이 받고 제때에 감사 인사도 못 했구나.' '나의 무관심한 태도에 꽤나 서운했겠구나.' 하는 것을, 회답하기 위해 편지를 다시 읽는 과정에서 깨우치며 거듭 부끄럽고 송구한 마음이 됩니다.

바쁜 생활에 좀체 여유가 없어 글을 쓸 시간이 없거나, 일부러 짬을 내어 짧게나마 편지를 쓰는 일이 번거롭게 생각되더라도, 편지를 쓰는 일은 우리가 직접 마음을 나누는 사랑의 행위임을 편지를 쓰면서 다시 알게 됩니다. 생전에 편지와 일기에 담긴 깊은 영성으로 많은 이들에게 감동을 주었던 사제 헨리 나웬의 글을 다시 읽어봅니다.

오늘 나는, 내가 편지를 쓰고 기도를 바친 친구들에게 둘러싸여 있는 기분이 든다. 서로 주고받는 우리의 사랑은 지극히 구체적이며 활력을 불어넣는다. 편지를 생각하고, 편지를 보낸 이들을 생각하고 그리고 편지를 받는 이들을 생각하며 하느님께 감사드린다. 편지 쓰기가 지니는 장점은 우정을 한결 실감나게 만들고 돈독하게 다져준다는 데에 있다. 처음엔 상당히 부담스럽게 생각되기도 했지만 이제는 편안히 즐기는 시간이 되었다. 친구와 대화를 나누기 위해 일을 중단하는 기분이 들 정도다.

평소에도 자주 편지를 쓰는 저에게는 나름대로 편지 쓰기 순서가 있답니다. 함께 보실래요?

- 먼저 봉투를 준비해서 받을 사람의 주소를 쓰고 답장해야 할 편지들과 같이 클립으로 끼워둡니다. 처음 받은 편지 주소는 다른 수첩에 적어두어 다음에도 쉽게 찾을 수 있게 합니다.
- 겉봉에 있는 이름들을 보면서 좋은 시, 책갈피, 그림엽서, 카드, 사진, 오려둔 신문기사 등 그 사람에게 어울리는 것들이 생각날 때마다 봉투에 미리 넣어둡니다.
- 다양한 편지지와 메모지들을 어린이용, 청소년용, 어른용으로 준비해두고 한국적인 우표는 해외용으로 따로 마련해둡니다.
- 마음이 차분하고 주위가 조용하고 시간적으로도 여유가 있는 어떤 날, 아름다운 음악을 틀어놓고 촛불을 켜놓고 기도하는 마음으로 편지를 씁니다.

- 편지를 봉투에 넣는 과정에서 내용이 서로 바뀌지 않도록 유의하며 투명 테이프로 봉한 다음, 의미 있는 말이 적힌 스티커를 가운데 붙이거나 꽃, 십자 모양을 색연필로 그려넣습니다.
- 우체국에 가서 편지를 부치며 "목적지까지 무사히 도착하게 해주십시오." 하는 기도를 바치면서 사랑의 의무를 끝낸 가볍고 즐거운 발걸음으로 돌아옵니다.

근래엔 현각 스님이 엮은 숭산 스님의 서한 모음집 《오직 모를 뿐》을 읽으면서 깊은 감동을 받았습니다. 숭산 큰스님은 당신을 따르는 많은 이들을 일일이 다 만날 수가 없으므로 편지로나마 정성을 다한다고 하셨습니다. 지금은 고인이 되셨지만 전 세계를 무대로 봉사했던 인도의 성녀 마더 데레사 또한 어느 날은 따로 시간을 내어 편지 쓰기에 정성을 다하고 많은 경우엔 친필로 쓴다고 나에게 직접 말씀하셨습니다.

편지나 카드 쓰기 또한 공해일 뿐이기에 아예 안 쓰려고 작정했다는 분들도 더러 있지만, 편지가 없다면 우리의 삶은 얼마나 삭막할까요. 이번에 해외 여행을 하면서 보니 애인, 친구, 가족, 스승, 성직자 등 여러 대상에 맞게 기념일마다 주는 카드들을 따로 분류해서 파는 걸 보고, 카드 쓰는 일이 일상생활의 문화로 자리 잡고 있음을 알 수 있었습니다. 편지를 쓰더라도 요즘은 종이 편지 대신 전자 편지를 많이 쓰고, 평소에 하고 싶은 말도 전화로 다 해버리니 우체국에 가도 예전보다 한산한 편입니다. 지난봄에는 우리 동네 우체국장의 이름으로 나에게까지 감사의 축전과 기념품이 배달되는 걸 보고 사람들이 정말 편지를 쓰지 않는구나 생각했습니다.

한 해를 정리하고 돌아보는 12월엔 우리 모두 미루어둔 편지를 쓰기 위해 즐겁고 바쁘게 보내면 좋겠습니다. 12월만이라도 전자 편지 아닌 종이 편지에 나름대로 정성을 담아 벗들에게 보내며 사랑과 우정의 관계를 더욱 돈독히 하면 좋겠습니다. 많은 친지들이 내게도 음악까지 곁들인 다양한 전자 카드들을 자주 보내주지만, 일일이 찾아 읽으려면 오히려 시간이 더 걸려서 "그냥 종이 카드로 보내주면 안 될까요?" 하고 싶을 때가 있습니다. 나 또한 전자 편지와 카드들을 이용하고는 있지만, 컴퓨터 안에 기껏 정리해놓은 주소록을 몽땅 날린 후로는 종이에 적는 것을 다시 좋아하게 되었습니다.

"언제나 잊지 않고 기억하고 있습니다." "베풀어주신 모든 은혜에 감사드립니다." "올 한 해도 저의 부족함을 인내해주시고 늘 함께해주셔서 고마웠습니다." "힘들어도 용기 잃지 마시기를 기도드릴게요." "부디 행복하고 건강하십시오."

아주 간단한 말이라도 차가운 인쇄 글씨 아닌 따스한 친필로 적어서 사랑과 기도와 고마움의 마음을 전한다면 우리 서로에게 좋은 선물이 되리라 믿습니다. 편지를 쓰고 받고 기다리는 삶은 얼마나 겸손하고 따뜻하고 아름다운 예술일까요. 또 한 해를 보내며 나의 편지 쓰기 소임은 살아 있는 한 이어져야 할 '사랑의 일'임을 생각해봅니다.
편지에 관한 아름다운 동시 한 편을 읽어봅니다.

보고 싶은 친구 만날 날
기다리다 못해
다 털고 글로 나섰다

어디만큼 왔을까
저 산 넘으면 나올까
흰 봉투 속에서

곱발 딛고 쫑긋쫑긋
내다보는 글씨들
친구와 나 사이에 막혀 있는

첩첩 산 허물고 싶어
막힌 봇물 트고 싶어
숨쉴 짬도 없이

밤이 와도 눕지 않고

줄줄이 일어서

날개 달아가는 글씨들

- 김정의 시 〈편지〉

사소한 배려의 향기

수녀님, 곳곳에서 일어난 물난리로 우리를 힘들게 했던 여름이 물러서고, 어느새 서늘한 가을바람이 불어오고 있습니다. 저의 자그만 글방 문을 열면 빨강, 하양, 분홍 코스모스들이 바람에 한들대며 "안녕? 가을이 왔어요." 하고 사랑의 인사를 건네는 것 같고, 제가 좋아하는 석류나무에선 잘 익은 붉은 열매가 가을 이야기를 들려줍니다. 겨우 2미터 될까 말까 한 석류나무를 저는 늘 눈여겨보곤 했는데, 그토록 작은 나무에서 꽃이 피고 탐스러운 열매를 맺는 걸 보면 신기합니다.

올봄에 제가 심은 과꽃도 언젠가는 예쁜 모습을 보여주리라 믿습니다. 열매가 우리에게 손짓하는 가을의 뜨락에 서면 우리 모두 겸손하고 아름다운 마음이 되겠지요.

방황하고 서성이던 마음은 제자리에 앉히고 싶고, 설익은 사랑은 익히고 싶어질 것입니다. 이 가을 저도 제 사랑을 조금씩 익혀가고 싶습니다. 이기심의 그늘에 가려 떫고 신맛이 나던 것을 너그러움의 햇볕으로 단맛 들게 하고 싶습니다.

벌써 30여 년이나 수도원에 살았어도 모든 일에 관대하고 선선한 이

타심보다는 옹졸하고 편협하기 그지없는 이기심을 더 많이 발견하고 실망할 때가 한두 번이 아니랍니다.

아주 사소한 것일지라도 다른 이를 생각하고 배려하는 모습은 늘 아름답습니다. 담화 시간을 끝내고 공동방에서 나오다 어느새 제 신발이 바로 신도록 돌려진 것을 보았을 때, 출장길에서 돌아온 빈방에 누군가 살짝 꽂아놓은 들꽃을 보았을 때, 빨아놓고 미처 거두지 못한 옷들이 가지런히 정돈되어 침방에 놓인 것을 보았을 때의 그 고마움과 은은한 향기를 무엇에 비길 수 있을까요. 이것저것 야박하게 따지거나 계산하지 않고 언제나 남을 먼저 생각하고 배려하는 행동이 몸에 밴 사람들이 많은 집에 살고 있어 행복합니다. 숨어서 묵묵히 향기를 풍기는 들꽃 같은 사람이 더욱 많아지면 이 세상도 그만큼 향기로워지겠지요? 가장 가까운 이들끼리도 서로에 대한 사소한 배려가 부족해서 생기는 서운함이나 쓸쓸함이 의외로 많은 듯합니다. '그래, 조금 더 나를 잊자. 조금 더 다른 이의 필요에 민감하게 깨어 있고, 구체적으로 배려하는 사랑을 배우자. 그 일이 나의 것이 되도록 꾸준히 연습을 하자.'라고 마음의 수첩에 적어두니 가을 하늘이 더욱 맑고 푸르게 느껴집니다.

가별(가브리엘라) 수녀님, 누구에게나 변함없이 섬세하고 따뜻한 배려를 잊지 않으시는 수녀님의 그 모습은 제게 늘 감동을 줍니다. 올해도 좋은 가을 맞으시고 수녀님 특유의 그 해맑은 미소로써 이웃에게 기쁨을 뿌리시는 별 수녀님 되십시오.

겨울 바닷가에서

겨울 바다를 좋아한다는 벗에게 겨울이 가기 전에 편지를 씁니다. 겨울 바다가 주는 쓸쓸함과 고요함을 맛들이고 싶어서인지 요즘은 많은 사람들이 먼 데서도 겨울 바다를 보러 온다고 하더군요.

오늘은 나도 오랜만에 바닷가를 거닐었습니다.

바다에 다리를 놓고 있으니 수평선도 잘 안 보이고, 예전 같지 않아 실망스럽지만 그래도 광안리 바다와는 정이 많이 들었답니다.

아이의 손을 잡고 산책하는 엄마, 팔짱을 끼고 걷는 다정한 연인들, 조가비를 줍는 소녀들, 모래밭에 홀로 앉아 수평선을 바라보는 청년 등 여러 사람의 모습을 바라보며 파도 소리를 들으니 가슴이 탁 트이는 듯했습니다. 물새들이 남겨놓은 모래 위의 가녀린 발자국을 보니 무어라 이름 지을 수 없는 애틋하고 아련한 그리움이 잠시 내 발걸음을 멈추게 했습니다.

벗은 문득 내가 보고 싶다고 했지요. 나를 생각하면 가슴 한편이 왠지 아려온다고도 했습니다. 벗의 글과 전화를 받고 나서 나는 '보고 싶다'는 말을 아주 오랫동안 잊고 있었던 나 자신을 발견했습니다. 그 말이 너무도 새롭게 들렸기에 어느 날은 '사랑한다는 말보다 더 감칠맛 나는 보고 싶다는 말, 그 말 속에 들어 있는 평범하지만 깊디깊은 그리움의 바다'라는 표현을 해보기도 했지요. 누구에게나 골고루 정을 베풀되 정에 매이지 않는 슬기를 지니기란 결코 쉽질 않지만 바다를 보면 마음도 넓어지고, 푸른 힘과 용기가 새롭게 솟아오르곤 합니다.

한결같이 담담하고 고요한 모습으로 제자리를 지키면 지혜가 생긴다고 겨울 바다는 오늘도 나에게 일러줍니다. 새해를 맞아 나도 밖으로가 아니라 좀 더 안으로 움직이는 물살이 되어야겠다고 다짐해봅니다.

수녀는 '누군가를 위해 대신 울어주는 여자'라는 생각을 새롭게 해본 것도 겨울 바닷가에서입니다. 아닌 게 아니라 요즘은 걸핏하면 눈물이 나는데, 이 눈물은 단순히 감상적인 것이 아닌 사랑의 맑은 눈물, 이웃의 아픔에 기꺼이 동참하고 싶은 따뜻한 눈물이라고 스스로 위로하곤 한답니다. 다들 너무 바빠 슬프고 아픈 일이 있어도 여유 있게 울 시간이 없는 요즘, 누군가 대신 진심으로 울어주는 사람이 있다는 것만으로도 위로가 되지 않을까 싶네요. 큰 도움은 못 되더라도 함께한다는 마음의 표현을 한 방울의 눈물로나마 할 수 있다면 이 또한 작지만 의미 있는 숨은 선물이 될 수 있지 않을까요?

억울하게 감옥에 갇힌 어느 엄마가 불치의 병을 앓는 아들에게 위로 편지를 보내달라고 내게 부탁했을 때도, 스위스에서 한국으로 부모를 찾으러 왔다가 그냥 돌아가는 어느 입양아의 너무도 쓸쓸한 눈빛과 마주쳤을 때도, 가족과 헤어져 사는 탈북 소년이 우리와 함께 길을 걷다가 "여긴 평양에서처럼 배고파서 길에 주저앉은 사람이 거의 안 보이네요." 했을 때도 왜 그리 눈물이 나던지요! 크리스마스 트리가 된 전나무가 자기가 떠나온 숲을 그리워한다는 동화를 읽다가도 문득 눈물이 나더군요.

며칠 전에는 우리가 임시로 문을 닫은 무료 급식소 이야기를 들으며 허름한 옷차림의 노숙자들이 떠올라 울었습니다. 팔다리가 없이 태어난 한국 소년 구원이와, 같은 장애를 지닌 일본 청년 오토다케의 만남을 보고도 울었습니다. 신장병 앓는 흑인 제자에게 자신의 신장을 기증한 백인 여교사 이야기를 듣고도 울었습니다. 편지나 신문을 읽다가도 요즘은 정말 울 일이 헤아릴 수 없이 많습니다.

그러고 보니 나의 새해 결심은 '잘 우는 수녀'가 되는 것인지도 모르겠네요. 이왕 울려면 마음을 비우고 맑고 순수하게 잘 우는 사람이 되고 싶습니다.

시집 출간을 축하한다며 영이가 보내준 고운 포인세티아 화분도 고맙게 받았고, 수도자에게만 어울릴 듯한 담백한 모양의 하얀 잠옷도 잘 받았습니다. 그토록 단순하고 우아한 하얀 갈매기 빛 옷을 입고 나는 오늘

밤 꿈에 한 마리 갈매기가 되어 벗에게 날아갈지도 모르겠어요.

겨울 바닷가에서는 깨끗한 조가비들도 주울 수 있어 제법 많이 모아두었는데, 언젠가 선물로 보내줄 테니 그 하얀 집에 놓아두세요. 몇 달간 미국 딸네집에 다녀오신 우리 어머니도 나에게 주신다며 조가비를 한 바구니나 들고 오셨다고 합니다.

벗이 가르치는 소녀들에게도 겨울 바다의 침묵과 기다림, 넓게 펼쳐진 희망과 평화를 전해주고 싶습니다. 앞으로는 벗이 궁금해하는 수도원의 일상생활, 내가 읽은 책에 대한 소감, 만나는 사람들에 대한 이야기도 종종 들려줄게요. 바다가 보이는 수녀원에서 바다를 닮은 푸른 우정과 사랑을 새해 인사로 보내면서, 안녕.

담 안에서 온 편지

… 저는 5년 3개월째 교도소에서 사형수로 살고 있는 너무나 보잘것없는 죄인의 몸입니다. 올해 만 30세가 되었어요. 초등학교 들어가기 전부터 중학교 3학년 1학기까지는 열심히 교회를 다니며 학생회에도 열성이었던 착한 학생이었지요. 가정 사정과 개인 사정으로 열여섯 살에 사회생활을 시작하면서 주님과 멀어지고 찌든 때가 묻어 결국 이렇게 죽음을 앞에서 기다리는 사형수가 되고 말았습니다. 이곳에 들어와 재판을 받고 여러 과정을 겪으면서 다시 고개를 드는 신앙에 대해서 많은 생각을 해보았습니다. 죄를 면해보겠다는 생각이나 지옥을 면해보겠다는 생각에서가 아니라 인간의 법으로 더 이상 받을 수 없는 최고형을 받았지만 주님 앞에서는 아직 그 대가를 치르지 않았기에 저의 모든 죗값을 받기 위해서입니다.

… 천주교에 대해서 공부를 해보자 마음먹고 교리, 신학 사전까지 뒤지며 2년여에 걸쳐 제 나름대로 공부를 하였습니다. 나머지 시간에는 하루 다섯 시간, 어떤 날에는 하루 종일 성서 쓰기를 하였습니다. 신약을 다 쓰고 제가 좋아하는 시편을 다 쓰고 성가를 시작했습니다. 성가를 불러본 경험이 없었기에 한 곡 한 곡 찬양하는 마음으로 노트에 옮겨 쓰기 시작하여

마무리가 되었을 때 수녀님께 세례를 받고 싶다고 고백을 했습니다.

… 제가 청소년기에 너무 어지럽게 살았거든요. 그래서 남은 여생을 청소년들을 위해 살겠다고 세례 받을 때 맹세하고 처음 마음이 변하지 않고 잊지 않게 해달라고 주님께 기도드렸습니다. 지금은 배움이 없어 힘들기는 하지만 영어 공부와 청소년들에 대한 책들을 통해서 세례 때 마음으로 열심히 살아가고 있습니다.

… 수녀님의 〈친구에게〉란 시를 좋아해서 벽에 붙여놓고 봅니다. 그리고 〈새해엔 이런 사람이〉란 기도 시에서 '그리고 할 수만 있다면 / 임종의 순간까지 기다리지 말고 / 평소에도 죽음을 준비할 수 있도록 도와주십시오….' 이 부분이 정말 가슴에 와닿습니다. 사형수의 몸으로 내일을 기약할 수 없는(우리 모두가 그렇지만) 삶을 살고 있기에 평소에도 죽음을 준비하고 그 죽음을 당연하다는 듯 밝게, 환한 웃음으로 받아들일 수 있는 마음을 갖게 하는 구절입니다. 밤에 잠들기 전에 하루의 삶을 주심에 감사하고 편한 죽음을 맞이하게 해달라고 청하며 다음 날 밝은 태양을 철창을 통해서 바라보며 다시 한번 감사한답니다.

… 예수님의 부활처럼 메마르고 힘들어져 가는 사람들의 마음에도 부활이 있었으면 좋겠습니다. 그리고 당장 옆에 있는 사람의 마음을 헤아려주는 작은 실천이 살아 있는, 그런 사랑의 울타리가 만들어졌으면 좋겠습니다.

- 요한의 편지에서

안녕하신지요? 문득 신록의 숲에 서 계신 하느님의 초록빛 옷자락이 보이는 듯한 계절입니다. 요한이 보내준 길고 긴 첫 글을 제가 좋아하는 느티나무 아래 앉아 다시 읽었습니다. 여기 부분적으로나마 요약을 한 것은 이 글을 읽는 독자들과도 좋은 생각을 나누고 싶은 뜻에서이니 나무라지 마시길 바랍니다.

요한의 글을 읽으니 수년 전 사형수 형제들과 열심히 글을 주고받던 기억이 새롭고, 마지막 길로 떠나보내고 나서의 그 아프고 쓰라린 마음을 달랠 길 없어 며칠을 몸져누웠던 기억도 새롭습니다. "수녀님, 학벌에 관계없이 이분들의 글은 매우 구체적이며 그대로 싱싱하게 살아 있어요. 글을 쓴다는 우리를 부끄럽게 만드는군요!" 어느 이름난 원로 작가께서는 제가 담 안에서 온 편지들을 보여드릴 때마다 이렇게 감탄하곤 하셨지요. "믿음 깊은 최고수(사형수) 형제들에게서 정말 배우는 게 많답니다. 삶 자체가 너무 절절해서 눈물겹지요. 어쩌면 그리도 의연하고 관대할 수 있는지 놀랍다니까요."라고 하던 어느 수녀님의 말씀도 잊지 못합니다. 늘 순간순간을 '마지막인 듯이' 최선을 다하고 주어진 일에 감사하며 희생과 절제의 삶으로 일관하려는 구도자의 모습을 요한의 글에서도 엿볼 수 있었습니다.

성실하게 준비된 자세로 깨어 사는 분에게 제가 어떤 말을 할 수 있겠습니까? 좋은 환경에 있으면서도 '사랑의 일'에 굼뜨고 시간 쓰기를 좀 더 알뜰하고 지혜롭게 하지 못하는 저 자신이 오히려 부끄러울 뿐이지요. 아마도 저에게 기대하는 것만큼의 큰 도움이야 드리지 못하겠지만, 기도 안에서 요한과 동료들을 자주 기억할게요. 제 부족한 글들이 생활에 도움이 되었다니 반갑고, 이제 맛들이기 시작한 기도생활이 더욱 맑고 깊어져서 제게도 그 향기를 좀 나누어주길 기대해봅니다. 인간은 결국 하느님을 향한 애틋한 그리움과 목마름의 여정에 서 있음을 요즘은 더욱 절감합니다.

오늘은 향나무 묵주 하나와 책 한 권을 보내겠어요. 인간이 채워줄 수 없는 영적인 기쁨과 평화를 성심聖心의 샘에서 길어 오시길 바랍니다. 곧 장미도 피어날 테지요. 깊고 아픈 가시 하나 품고 사는 요한을 저도 예수님께 부탁드립니다. 힘들더라도 부디 몸은 건강히, 마음은 밝고 넓게 지니도록 노력하세요. 안녕히!

조가비 편지

어머니, 간밤 꿈에는 제가 어머니와 함께 어느 바닷가에서 참으로 열심히 고운 조가비들을 줍는 꿈을 꾸었습니다. 우리 둘 다 어린아이처럼 얼마나 즐겁게 조가비들을 많이 주웠는지 꿈을 깨서도 빙그레 웃음이 나왔어요. 무척 다양한 모양의 무늬와 빛깔에 매료되어 시간 가는 줄 몰랐답니다. 아침에 어머니께 꿈 이야기를 전화로 드렸더니 "오, 그래? 평소에 수녀가 워낙 조가비들을 좋아하니까 그런 꿈을 꾸었나 보지? 일부러 전화해주니 반갑고 고맙네." 하셨지요.

며칠 전에는 광주에 강의하러 갔다가 그곳 친지들의 안내로 제가 오랫동안 벼르기만 하고 가지 못했던 목포의 '조개박물관'에도 잠시 다녀올 수 있어 기뻤습니다. 어느 부부가 각 나라에서 수집한 것을 향토박물관에 기증했다는 수천 점의 조개들은 정말 아름다워서 한참 넋을 잃은 채 보고 또 보고 했습니다.

뿔소라, 쇠고둥, 밤고둥, 계란고둥, 수정고둥, 달팽이고둥, 꽃가리비, 비단조개, 백합조개, 새조개, 키조개, 피주개… 가만히 이름을 불러보며 이들이 고향처럼 몸담고 있었을 푸른 바다를 생각해보았습니다. 눈에 띄지

도 않을 만큼 작디작은 어떤 조개들은 값비싼 보석보다도 귀하다는 안내인의 설명을 들었습니다.

지난봄 어머니께서 해외에 가셨다가 수집해오신 조가비 바구니를 다시 열어 그중 몇 개를 둥근 유리 접시에 담았습니다. 해인글방에 놓아두고 오며 가며 바라보곤 한답니다.

제가 수십 년째 몸담고 있는 수도원도 어쩌면 하나의 큰 바다가 아닐는지요. 서로 다른 모습을 지닌 우리는 조개에 비유할 수 있을 듯합니다. 어떤 이는 계란고둥처럼 부드럽고 반질반질하지요. 어떤 이는 뿔소라처럼 뾰족한 면이 있고, 어떤 이는 비단가리비처럼 곱지만 왠지 다루기가 조심스러우며, 또 어떤 이는 접시조개처럼 널따랗고 평평한 모양을 이루는가 하면 큰구슬우렁이처럼 속내를 잘 내보이지 않는 이들도 있답니다. 서로서로 '다름 속의 조화'를 이루며 사는 공동체 생활을 하기 위해서는 늘 넓고 깊은 어머니 마음을 지녀야겠음을 살아갈수록 더 깊이 절감하게 됩니다.

어머니인 바다가 모든 조개들을 다 차별 없이 사랑하듯이, 우리도 서로에게 마음을 열고 넓게 감싸 안는 어머니가 되어야 할 것입니다. 비록 결혼을 해서 아이를 낳은 어머니가 되진 못했으나 저는 다른 의미로 생명을 키우는 사랑의 어머니, 시詩의 어머니가 되고 싶습니다. 늘 높은 뜻을 세우지만 실천에는 더딘 저를 위해 변함없이 기도해주시리라 믿고 어머니께 감사드립니다.

얼마 전 서울에 갔다가 잠시 어머니를 방문했을 때 제가 잊어버리고 그냥 떠나올까 봐 칫솔, 손수건 등 제 가방 속의 물건들을 마루 끝에 미리 챙겨놓으시던 그 모습이 아직도 눈에 선합니다. 어느새 구순이 가까우신 당신께서 젊은이들보다 오히려 앞서가시는 사랑의 움직임엔 그저 놀라울 뿐이랍니다.

오늘도 어머니를 그리워하며 하얀 조가비의 마음으로, 조가비의 입장이 되어 제가 쓴 시 한 편에 시원한 여름 바다를 담아드리며 이만 접습니다.

항상 저희 4남매의 푸른 바다로 출렁이시는 어머니께 주님의 크신 축복이 함께하시길 비옵니다.

바다 어머니

흰 모래밭에 엎디어

모래처럼 부드러운 침묵 속에

그리움을 참고 참아

진주로 키우려고 했습니다.

밤낮으로 파도에 밀려온

아픔의 세월 속에

이만큼 비워내고

이만큼 단단해진 제 모습을
자랑스레 보여드리고 싶습니다

아직 못다 이룬 꿈들
못다 한 말들 때문에
슬퍼하거나 애태우지 않으렵니다

행복은 멀리 있지 않으니
가슴속에 고요한 섬 하나 들여놓고
조금씩 기쁨의 별을 키우라고
먼 데서도 일러주시는 푸른 어머니

비어서 더욱 출렁이는 마음에
자꾸 고여오는 넓고 깊은 사랑을
저는 어떻게 감당할까요?

이 세상 하얀 모래밭에 그 사랑을
두고두고 쏟아낼 수밖에 없는
저의 이름은 '작은 기쁨' 조가비
하늘과 바다로 사랑의 편지를 보내는

'흰구름' 조가비입니다.

– 나의 시 〈어느 조가비의 노래〉

진달랫빛 마음으로

문득 이름을 부르기만 해도 내 마음이 따뜻하고 넉넉해지는 벗, 데레사 님. 나이 들수록 건강 관리를 잘해야 한다며 기회 있을 때마다 사랑의 잔소리를 잊지 않는 그 마음을 늘 고맙게 생각하고 있습니다.

요즘은 점심 식사 후에 매일 30~40분 정도 수녀원 뒷산에 다녀오는데, 이 소식을 들으면 누구보다도 기뻐할 벗의 웃는 얼굴이 떠올라 나 혼자서도 절로 미소를 짓게 됩니다. 산을 가까이 두고도 게으름 때문에 안 가고 있다고 이곳 동료들에게서도 어찌나 핀잔을 들었던지, 이젠 안 갈 수가 없네요. 산을 오르고 내리면서 소나무숲 사이로 바라보는 바다는 얼마나 아름다운지요! 바람 많이 불고 추운 날은 바닷빛, 하늘빛이 더욱 짙푸르다는 것 또한 새롭게 발견할 수 있었답니다. 봄을 앞당기겠다는 듯이 벌써부터 진달래꽃 몇 송이가 그 붉은 꽃잎을 활짝 피워내는 모습 또한 정겹습니다.

밖에 나가지 않고 집 안에서 평범한 일상 소임을 하는 즐거움이 더욱 큰 것은 내가 그동안 이래저래 나다닐 일들이 많아서인지도 모르겠어요. 지난해와 달리 올 한 해는 외부 특강도 좀 줄이고, 집 안에 있는 시간을 늘리려고 나름대로 결심을 해봅니다. 그런데도 오늘은 부산대학병원 원목실에서 일하는 우리 수녀님의 간곡한 부탁으로 그곳 호스피스 봉사자들에게 이야기를 하고 왔습니다. 삶과 죽음과 이별에 대한 기도 시들을 함께 읽었고, 근래에 읽은 좋은 책도 몇 권 소개했으며, 내가 어설프게나마 환자를 간병하거나 말기 암 환자들을 방문하면서 느꼈던 체험담을 나누기도 하면서 좋은 시간을 가졌습니다.

오늘 봉사자들에게 소개한 책 중에는 레그 그린이라는 사람이 쓴 《아주 오랫동안 영원히》라는 것이 있는데, 일명 '니콜라스 이펙트Nicholas Effect'라고도 하지요. 여행길에 무참히 살해당한 일곱 살짜리 어린 아들의 시신을 기증하여 여러 명의 목숨을 구한 그 부모들과 이웃들의 이야기가 매우 자세히 적혀 있는 아주 특별한 감동을 주는 책이었답니다.

이 책을 읽고 나는 장기 기증에 대한 두려움을 표현한 '부끄러운 고백'이라는 시를 나의 새 시집에서 빼달라고 전화를 하기도 했어요. 가족도 아닌 모르는 이웃을 위해 자신의 콩팥을 기증한 이들의 일화가 신문이나 잡지에 소개될 때마다, 그 대단한 용기에 탄복하면서 기사를 오려두곤 했지요. '현재 콩팥이 하나뿐인 내 언니 수녀님의 콩팥이 아주 나빠진다면 나의 것을 한쪽 떼어드릴 수 있을까?' 하는 구체적인 생각도 하며 병원에서 집으로 돌아오니 해마다 연중 행사로 우리 집에 오는 헌혈차가 한 대 서 있었습니다. 마침 버스가 떠나려던 참이라 나는 얼른 들어가 테스트를 받았더니 '합격'이라고 하기에 꽤 오랜만에 헌혈을 했고, 그 느낌은 매우 좋았습니다. 비록 320cc밖엔 안 되는 적은 양의 피였지만, 미지의 누군가에게 가서 도움이 된다고 생각하니 흐뭇했습니다. 자신의 몸 속에 숨어 흐르던 피가 밖으로 나와 투명한 비닐 팩에 담겨 있는 것을 보니 다른 사람의 피를 바라볼 때의 그 낯선 느낌과는 달리 무척 친근하게 여겨지던데요. 내가 이웃에게 주어오던 어느 선물보다도 값지고 의미 있는 선물로 생각되었습니다. 앞으로도 건강이 허락하는 한은 적어도 1년에 한 번 정도 헌혈을 해서 헌혈증서도 받고, 누군가를 돕는 작은 기쁨도 간직하고 싶습니다.

　살다 보면 이웃 사랑도 너무 추상적이거나 관념적으로만 머물 염려가 있기에 '헌혈'처럼 구체적 행동을 하는 기회는 꼭 필요한 것 같아요. 장기 기증 같은 큰 일은 못 해도 먼저 내가 할 수 있는 사소한 일만이라도 미루지 않고 충실히 하는 새해를 살고 싶습니다. 그래서 '사랑의 심부름꾼'으로서의 작은 몫을 실천하는 뜻으로 독자들의 편지에 짧게라도 답을 해주고 부탁 받은 사인도 해주려고 애를 쓰는 편이에요.

　어떤 모임이나 강연회에서 가끔 내게 사인을 받겠다고 줄지어 선 사람들을 보면 처음엔 너무 부끄러워 숨고 싶곤 했지만, 이젠 오히려 자연스럽게 받아들이게 되었지요. 많은 경우, 그들이 내미는 종이쪽지나 꽃다발 속에는 남 모르는 아픔을 잠깐이라도 표현하고 작은 위로나마 받고 싶어 기도를 청하거나, 앞으로의 삶에 지표가 될 좋은 말을 적어달라는 부탁이 깊이 감추어져 있음을 이제는 잘 알게 되었기 때문이지요. 독

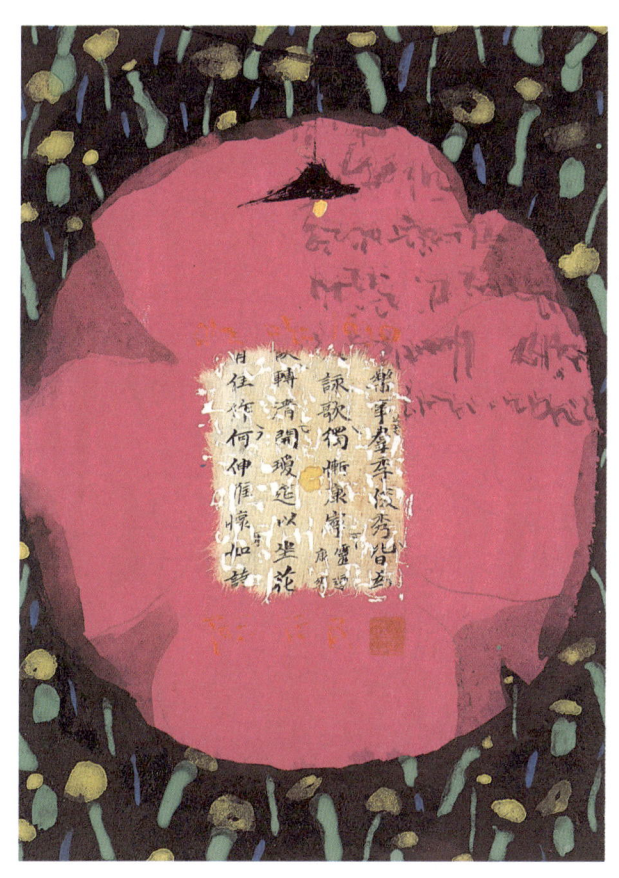

자들에게 누가 될까 봐 일일이 다 공개는 못 하지만, 가끔은 그들의 속 깊은 슬픔이 전염돼 잠을 설칠 때도 많습니다. 아마도 내가 작가이기 전에 모든 것을 포용할 수 있을 것 같은 수도자의 모습으로 먼저 비쳐져서 마음으로 기대고 싶은 것일 테지요? 그래서 나에겐 벗들의 기도와 격려가 더 많이 필요하답니다. 자주 소식을 보내오지 않더라도 진정으로 걱정해주고, 잘못하면 따끔하게 충고도 아끼지 않는 벗들의 존재가 요즘은 새삼 더욱 고맙고 소중하게 여겨집니다. 이런 내 마음을 다른 친구들에게도 꼭 전해주길 바랍니다.

이제 곧 봄이 옵니다. 우리 집 뒷산의 진달래를 보면서 오래전에 쓴 꽃 시 한 편에 나의 진달랫빛 우정을 담아 보낼 테니 진달래꽃 마음으로 들어보세요.

해마다 부활하는 사랑의 진한 빛깔 진달래여
네 가느다란 꽃술이 바람에 떠는 날
상처 입은 나비의 고운 눈매를 본 적이 있니
견딜 길 없는 그리움의 끝을 너는 보았니
봄마다 앓아눕는 우리들의 지병은 사랑
아무것도 보이지 않는다
아무것도 잡히지 않는다
한 점 흰구름 스쳐 가는 나의 창가에

왜 사랑의 빛은 이토록 선연한가
모질게 먹은 마음도
해 아래 부서지는 꽃가루인데
물이 피 되어 흐르는가
오늘도 다시 피는
눈물의 진한 빛깔 진달래여…

- 나의 시 〈진달래〉에서

400년 전의 편지를 읽고

항상 저에게 안동의 그윽한 멋과 문화유산을 알려주며 기회 있을 때마다 보여주고 싶어하시는 김안자 아네스 님, 며칠 전 제 부탁을 받고 보내주신 박물관의 그 편지 사본들은 고맙게 잘 받았습니다. 얼마 전 〈부산일보〉 여성대학 주부들과 합류하여 하회마을에 갔다가 일행과 떨어져 하루 머문 뒤 부산으로 오는 길, 빡빡한 일정에도 불구하고 "수녀님께 꼭 보여드릴 게 있어요." 하며 안동대학 박물관으로 저를 안내하셨지요.

1998년 4월, 안동시 정상동에서 어느 문중 묘를 이장하는 과정에서 발견되었다는 두 구의 미라와 거의 원형 그대로 보존된 편지며 그 밖의 유품 이야기를 이미 신문에서도 읽고 오려두기까지 했지만, 실물을 직접 대했을 때의 느낌은 정말 달랐습니다. 로마, 이집트, 멕시코 등 해외에서 미라를 볼 때와는 또 다른 감동으로 가슴이 찡했지요. 무엇보다도 아름답고 따뜻한 가족애가 듬뿍 담긴 이 편지 사본을 저에게서 받은 해외의 친지들은 현장에 가지 않고도 눈물이 난다고 편지를 보내오곤 한답니다.

병술년(1586년) 6월 1일, 서른한 살의 나이로 죽은 남편 이응태를 그리며 쓴 원이 엄마의 글은 읽을 때마다 그 절절하고 애틋한 그리움이 생생하게 살아나 읽는 이의 가슴을 적십니다.

당신 언제나 나에게 "둘이 머리 희어지도록 살다가 함께 죽자."고 하셨지요. 그런데 어찌 나를 두고 당신 먼저 가십니까? 나와 어린아이는 누구의 말을 듣고 어떻게 살라고 다 버리고 당신 먼저 가십니까? 당신 나에게 마음을 어떻게 가져왔고, 또 나는 당신에게 어떻게 마음을 가져왔었나요? 함께 누우면 언제나 나는 당신에게 말하곤 했지요.
"여보, 다른 사람들도 우리처럼 서로 어여삐 여기고 사랑할까요? 남들도 정말 우리 같을까요?" (… 중략 …)
당신을 향한 마음을 이승에서 잊을 수가 없고 서러운 뜻 한이 없습니다. 당신 내 뱃속의 자식 낳으면 누구를 아버지라 하라시는 거지요? … 이 편지 자세히 보시고 내 꿈에 와서 당신 모습 자세히 보여주시고 또 말해주세요. 나는 꿈에 당신을 볼 수 있다고 믿습니다. 몰래 와서 보여주세요.

400년도 더 지난 어느 날, 살아 있는 후손들이 읽게 되리라곤 생각조차 못했을 원이 엄마의 이 편지를 세상의 모든 부부들이 함께 읽고 각자의 부부애를 점검하면 좋겠다는 생각을 해봅니다.
사소한 일에도 걸핏하면 '헤어지자'며 불화가 끊이지 않는 부부들이 이 글을 읽고 서로 사랑할 때의 첫 마음으로 돌아가 참을성을 키우며, 아낌 없고 살뜰한 사랑, 한결같이 깊은 사랑을 더욱 새롭게 키워가는 계기가 되면 좋겠습니다.

서로 먼저 위해주고 다투어 사랑하므로 편지 속의 원이 엄마처럼 "여보, 다른 사람들도 우리처럼 서로 어여삐 여기고 사랑할까요? 남들도 정말 우리 같을까요?"라고 언제라도 즐겁게 반문할 수 있도록 말입니다.

형 이몽태가 죽은 동생에게 쓴 〈울면서 아우를 보낸다〉라는 시 또한 돈독한 형제애와 더불어 부모에 대한 깊은 효심을 드러냅니다.

아우와 함께 어버이를 모신 지가
이제 31년이 되었네
갑자기 세상을 떠나다니
어찌 이렇게 급하단 말인가
땅을 친들 그저 망망하기만 하고
하늘에 호소한들 대답이 없구나
외로이 나만 내버려두고
죽어서 뉘와 더불어 함께할는지
자네가 남기고 간 어린 자식
내 살았으니 그래도 보살필 수 있구려
바라는 바는 어서 하늘에 오르는 것
삼생은 어찌 빠르지 않을쏜가
또 바라는 건 부지런히 도움을 내려주어

부모님이 만세토록 장수하시는 거라네
– 형이 정신없이 곡하며 쓴다

이 글은 슬프면서도 얼마나 신뢰에 차 있고, 따뜻하며 정겨운지요! 특히 "자네가 남기고 간 어린 자식 내 살았으니 그래도 보살필 수 있구려." 하는 대목에서 잠시 눈길을 멈추게 됩니다.

형제끼리도 화목하지 못하고 재산 다툼을 하거나 자기를 낳아준 부모를 되도록 안 모시려고 서로 불목하는 일도 잦은 오늘의 이기적인 모습을 지닌 가족들에게 이 내용은 시사하는 바가 크다고 생각됩니다.

이 편지의 주인공인 형이 동생 이응태의 관 속에 이별의 선물로 넣어준 부채 위의 시 한 편도 고인의 깨끗하고 빈틈없는 성품과 보내는 이의 지극한 우애를 잘 나타내줍니다.

그대의 곧음은 대쪽 같았고
그대의 깨끗함은 백지장 같았네
내가 손수 쓰던 이 부채를
영원히 떠나는 자네에게 보내네
– 형이 곡을 하며

해마다 여름이면 친지들에게서 여러 부채에 글과 그림을 받아내기 좋아해 부담을 안겨주기도 하던 저였지만, 올여름은 마음 안에서 시원한 바람을 일으키는 이 의미 있는 부채가 있어 더운 수도복을 입고도 여름을 잘 견딜 수 있을 것 같은 생각이 드는군요.

편지와 더불어 관 속에서 출토된 다양한 모양의 옷들도 한눈에 볼 수 있어 좋았고, 다시 한번 가서 찬찬히 보고 싶다는 생각을 합니다.

죽은 이들과 관련된 유품들을 보는 일 자체가 썩 기분 좋은 일은 아니라고 보기를 꺼리는 이들도 있지만, 박물관에서 유물을 감상하는 일은 오늘을 사는 우리에게 늘 필요한 일이고, 이를 통해서 삶에 대한 진지하고 숙연한 성찰을 할 수 있다고 봅니다. 삶은 우리 각자가 책임성 있게 가꾸고 꾸려가야 할 하나의 예술작품임을, 언젠가는 완전히 손을 놓고 떠나야 할 유한한 자리에 우리가 서 있음을 박물관에서는 더욱 새롭게 깨우치게 되지요.

그래서 삶의 끝이 오기 전에 한 번이라도 더 사랑과 관용을 베풀며 '오늘을 마지막인 듯이' 사는 지혜와 용기를 지녀야 함을 깊이 절감하곤 합니다.

영주 부석사에서 주지 스님 생신 날 점심 공양을 하다가 제가 실수로 수도복에 미역국을 쏟은 일로 우리는 더 가까워졌지요? 지난 5월 말, 우리가 유안나 씨 묘지에서 함께 맡았던 하얀 찔레꽃 향기처럼 상큼하고 은은한 향내가 우리 일상의 삶에도 가득할 수 있기를 함께 기도해요.

400년 전의 그 보석 같은 편지들을 읽도록 안내해준 그대의 배려에 다시 감사드리며, 미흡한 솜씨로나마 이 편지들을 단편적으로 소개할 수 있어 기쁜 마음이에요. 이 마음을 들꽃으로 피우고 고운 리본 하나 동여매어 제 글을 읽는 독자들의 창가에 조촐한 선물로 놓아둘까 합니다.

우정 일기
– 세 친구에게

내 마음속엔 아름다운 굴뚝이 하나 있지
너를 향한 그리움이
하얀 연기로 피어오르다
노래가 되는
너의 집이기도 한 나의 집
이 하얀 집으로
너는 오늘도 들어오렴 친구야….

나의 글 〈우정 일기〉를 외우며 오늘은 이 시의 소재가 되어준 세 친구에게 사랑의 엽서를 씁니다.

✿

지금도 창경궁과 비원 앞을 지나노라면 제일 먼저 생각나는 초등학교 시절의 벗 현숙아,

늘 빨간 빛깔의 옷이 잘 어울리기 때문인지 너를 보면 장미나 튤립이 생각나곤 한다. 네가 캐나다에서 한국에 다니러 온 사이 이번엔 두 번이나 만날 수 있어 행복했다. "엄마가 해인 이모에게 쓰다 만 편지가 수두룩해요." 하고 내게 말하는 네 어여쁜 딸 주은이와, 네가 그토록 아끼는 사위 민수도 같이 만날 수 있어 더욱 반가웠어. 언젠가 수업 시간에 네 얘길 하다가 영화배우 최민수의 장모라고 하니 갑자기 터져 나온 탄성으로 교실이 매우 소란스러운 적이 있었단다. 어느새 은발이 된 네 머리칼을 보고 놀라는 나에게 너는 앞으로도 염색을 하지 않기로 했다면서 세월이 주는 변화도 감사한다고 했지? 나는 너에게서 늘 자연스러운 태도와 솔직함을 배운다. 위선의 그늘을 찾아볼 수 없는 네가 내 옆에 있으면 나도 한결 투명해지는 느낌이야. 단순 솔직한 어린이의 마음으로 마음이 밝아지고 즐거운 시간이 되곤 하지.

"구름으로, 별로, 달빛으로 물들여진 내 그리운 길섶에 민들레꽃으로 구름 수녀로 나를 항상 반기는 보고 싶은 꼬마 친구야, 네가 만든 '꽃삽'으로 내 보조개를 캐는 너는 아기 예수가 내게 준 눈물겹도록 귀한 선물이다."

네가 보낸 카드를 읽으며 네 보조개를 부러워하던 나의 옛 모습이 떠올랐다.

가끔 가다 내비치는 네 애교 섞인 질투도 사랑하면서 네 이름을 부르는 동심에 꽃물을 들인다. 우리가 서로 멀리 떨어져 있더라도 가까운 마음으로 기도 안에 만나자. 그리고 〈빨강머리 앤〉과 같은 작품을 공동 집필할 꿈도 더 많이 키워야 하지 않겠니? 말 안 해도 알겠지만 사랑한다, 친구야. 오늘도 건강을 빌며 안녕!

✽

나의 여중 시절을 정겹고 따뜻하게 해준 벗 혜숙아,

나는 너를 은은한 향기의 태산목 꽃에 비유하고 싶구나. 결코 튀지 않으면서 가슴 깊이 파고드는 향기가 하도 좋아 올려다보면 큰 나무 사이 사이에서 하얗게 웃고 있는 커다란 태산목 꽃. 우아함과 너그러움의 상징처럼 여겨지는 그 꽃이 네겐 잘 어울리는 것 같아. 나는 너에게서 사람을 깊이 이해하고 받아들이는 넓은 마음, 웬만한 일은 그냥 지나가는 관용과 인내, 허튼 말을 내뱉지 않는 과묵함을 배운단다.

어려서부터 나이보다 덕스러워 동료들에게 신뢰를 얻고 그래서 학생회장도 했나 보다고 우리가 말하면 너는 조용히 웃기만 했지. 국문학도이면서도 글 쓰는 일보다 그림 감상을 더 좋아하는 것도 네 성격과 무관하지 않다는 생각을 해보곤 한단다.

조그만 화랑을 운영하면서 지금은 한국 꽃누르미협회 회장이기도 한 너는 생화로 만든 예쁜 것이 많은 화랑에 내가 들어설 때마다 "얘, 네가 갖고 싶은 것 있거든 가져가라." 하는데, 물건을 갖지 않아도 그 말이 얼마나 푸근하게 느껴지는지 몰라. 단정하게 교복 입은 단발머리의 두 소녀가 은행나무 아래서 찍은 사진을 나는 지금도 소중히 간직하고 있단다. 우리가 서로 등을 대고 앉아 높은 하늘을 보는 그 모습이 참 인상적이지 않니?

"늘 나처럼 좀 더 느긋하게 여유를 지니고 살라."는 네 주문을 올해는 더 잘 실천하도록 애써볼게. 무척 바쁠 때라도 항상 여유 있는 모습과 미소로 곁에서 힘이 되어준 우정에 고마움을 전한다. 생각처럼 자주 연락하진 못해도 늘 잘 있으려니 여기고 조바심 내지 않는 우리 사이의 담백함을 사랑한다. 아내로서 엄마로서 며느리로서, 그리고 자신의 일을 하는 여성으로서 늘 열심히 살아가는 네가 자랑스러워. 늘 건강하게 네 다목적 소임을 잘 수행할 수 있도록 기도할게. 안녕!

✤

'상냥한 사람'이라는 표현이 그대로 어울리는 여고 시절의 벗, 승자야!

네게선 상큼한 도라지꽃 향내가 난다. 요즘은 방학이라도 시간이 그리 많진 않겠지?

국어 교사인 네가 나의 축일을 맞아 선물한 국어대사전은 늘 소중한 선물로 내 곁에 있단다.

"우리말을 사랑하는 시인아, 네 언어의 시적 정수에 이 책을 바친다. 다시 태어나도 이 땅에서 우리말을 사랑할 우리는 한국인이기에."라고 책 앞에 적은 글을 종종 읽어보면서 너를 그리워하곤 하지. 너는 나의 꿈

길에도 유난히 자주 나타나는 편이야.

내가 사랑하는 조카 향이의 담임 선생님까지 맡은 놀라운 인연으로 내 오빠네 가족과도 더욱 가까워진 너에게서 나는 모든 이에게 골고루 잘해주는 밝은 인사성과 섬세한 배려를 배우곤 해. 지난가을, 나에겐 말도 안 하고 우리 어머니 생신에 선물을 들고 가서 온 가족을 놀라게 하였지? "네 대신 나라도 자주 찾아뵈어야 하는데…." 하는 그 말이 얼마나 가슴 찡하게 고마웠는지! 언젠가 휴가를 갔다가 잠시 혼자 사는 네 예쁘고 정갈한 집에 들렀을 적에 나를 공주처럼 모셔놓고 음식과 빨래를 번갈아 해대며 "오늘만이라도 좀 대접 받고 편히 있으렴!" 하던 네 모습을 잊을 수가 없단다. 어쩌다 힘든 일이 생겨 전화를 하면 마치 자신의 일인 양 정성스럽게 잘 들어주는 너는 나의 작은 언니 같기도 하고, 명쾌하게 식별해서 정리를 잘해주는 노련한 상담 교사 같기도 하다.

오늘은 어느 젊은이가 보내온 god의 '길'을 듣고 있는 중이야. 평소엔 거의 보지도 듣지도 않는 뮤직 비디오지만, 이 노래는 왠지 가사도 사진도 마음에 드네. 길이라는 제목도 매력이 있고 말이야.

'진정 우리가 걷는 삶의 끝은 어디이고 언제 끝날까?' 우리가 함께 길을 가는 동안은 열심히 사랑해야 할 숙제만 있는 것일 테지? 나이 들수록 바람 한 자락, 햇빛 한 줄기, 오늘을 함께 사는 사람들과의 인연이 더욱 신비롭고 소중하게 여겨진다는 너의 말을 자주 기억하면서 나도 요즘은 '내 이름은 오직 감사라고' '내 이름은 오직 기쁨이라고…' 하는 노래를 절로 흥얼거리게 된다.

그리운 친구야, 네가 내게 말하듯이 나도 네게 말할게. 잘 자고 잘 먹고 잘 웃고 잘 사랑하고… 언제나 인간임을 잊지 말고… 그리고 부디 행복하여라. 나이 먹어도 마음은 늘 초등학생 수준에 머물러 있는 것 같은 네 친구가 널 위해 '초록빛 바다' 동요를 불러줄까? 나에게 시를 많이 준 바닷가 수녀원에서 파도 소리를 들으며 네 이름을 불러본다. 안녕!

하와이의 벗들에게

한 개의 직선은 무수한 작은 점들이 모여서 이루어집니다. 저의 삶 역시 수많은 초와 분들로 이루어집니다. 저는 하나하나의 점을 온전하게 정리하겠습니다. 그러면 곧은 선이 그어질 것입니다. 저는 매 순간을 온전하게 살겠습니다. 그러면 저의 삶은 거룩해질 것입니다. 희망의 길은 희망의 작은 걸음들로 이루어집니다. 희망의 삶은 희망의 짧은 순간들로 이루어집니다. - 구엔 반투안 주교의 〈이 순간을 살며〉에서

  오늘 새벽엔 위의 말씀을 새겨들으며 작은 점으로 시작하지만 일생을 이어갈 소중한 우정의 관계에 대해서도 깊이 생각해보았습니다. 바다가 잘 보이는 베란다에 나무 걸상을 들고 나가 묵상하던 중 바다 저편으로 붉게 타오르는 찬란한 태양의 모습에 나는 그만 넋을 잃고 말았답니다.
  며칠 전 하와이에서 마우이섬 꼭대기 '태양의 집'에 함께 다녀온 정다운 벗, 마리 루이스와 친지들의 얼굴이 내 마음의 하늘 위에 고운 해님으로 둥글게 떠올랐습니다. 꽃과 나무의 섬들에 얽힌 슬프고 아름다운 이야기들을 '전설의 고향'으로 각색하여 실감나게 들려주던 자칭 '명가이

드' 고인상 님의 모습도 눈에 선하군요.

　큰 모임, 작은 모임에 줄곧 함께했던 벗들과는 짧은 시간인데도 흠뻑 정이 들어서 서로 눈물 글썽이며 헤어졌지요. 공항에서 눈물을 안 보이려고 나도 얼른 뒤돌아서 나왔지만 며칠 동안 온갖 정성과 사랑으로 나를 대해준 벗들의 모습은 그대들이 내 목에 걸어준 플루메리아 꽃향기처럼 아직도 진한 여운으로 가슴에 남아 있습니다. 약 한 달간의 미국 일정을 하와이에서 마무리하길 잘했다는 생각이 들어요. 공해와 소음이 없는 작은 섬나라에 많은 이들이 휴가를 가는 이유도 알 것 같습니다.

　흠 없이 아름다운 자연은 인간에게 걱정과 불안에서 해방되어 살고 싶은 낙원에 대한 향수를 불러일으키는 듯합니다. 그러나 결국은 사람들이 살고 있기에 자연 또한 더욱 빛이 나는 게 아닐까요.

　인간이 곁에 없는 자연은 왠지 쓸쓸해 보입니다. 세상 어디엘 가든 구석구석 다양한 모습의 사람들이 살고 있다는 사실이 여행길에선 더욱 신기하고 새롭게 다가오며 마음을 넓혀주는 계기가 됩니다. 우리가 어쩌다 해외에 나가면 단순히 이름난 관광 명소보다는 역사적인 의미가 담긴 곳을 둘러보는 것이 더 바람직하다고 봅니다.

　첫 방문지인 하와이에서 진주만 USS 애리조나 기념관을 견학한 일이 무척 기억에 남습니다.

　1941년 12월 7일 아침, 일본군의 느닷없는 공격으로 1,177명의 승무원과 함께 침몰한 큰 배의 잔해들을 아직도 그대로 안고 있는 검푸른 바다의 그 깊디깊은 침묵을 나는 두고두고 헤아려볼 것입니다. 아름다운 꽃과 나무로 뒤덮인 국립묘지도 방문해 6·25전쟁에서 목숨을 잃은 수만 명의 이름들이 새겨진 차가운 돌 위에 따뜻한 눈물 한 방울의 기도로 꽃을 봉헌하며 한참을 서 있기도 했지요.

가끔 우리나라를 방문한 외국인들이 일부러 UN묘지를 찾아 참배하던 그 마음을 다시 알 것 같았습니다. 어느 때보다도 마음을 넓혀준 여행길. 이번 여정은 나에게 나라와 겨레에 대한 애정을 좀 더 구체적으로 느끼고 확인하게 해준 귀한 시간들이었음을 감사하고 있습니다.

집에 돌아와선 밀린 잠을 실컷 자며 몸의 시계를 제자리로 돌려놓고 있는 중입니다. 알록달록한 꽃들이 웃고 있는 꽃밭을 바라보며 안드레아 보첼리의 노래를 듣는 지금, 우리 글방 앞엔 어느새 석류 열매들이 빰을 붉히며 가을을 알리고 있습니다.

'푸름으로 눈부신 가을 하늘 아래 / 가만히 서 있는 것만으로도 / 너무 행복해서 터질 것 같은 가슴….'

최근엔 나의 시 〈석류〉에 조국에 대한 칸타타의 일부로 곡을 부쳐 보내준 분이 있어 기뻤습니다. 그래서 올가을의 석류는 더욱 정겹게 느껴지나 봅니다. 늘 작은 공간에 머물렀던 구름 수녀의 사랑도 이젠 좀 더 폭넓은 보편성으로 더 많은 사람들을 향해 힘차게 도약할 것을 믿고 또 바라는 마음이에요. 사랑과 자비와 축복의 뜻이 담긴 알로하ALOHA라는 뜻깊은 인사말을, 내가 아는 하와이의 벗들에게 골고루 전해주세요. 마음이 통하는 이들끼리는 자주 만나지 못하더라도 기도 안에 무언의 교류가 이루어진다는 것을 나는 살아갈수록 더욱 확신하게 됩니다.

때로는 바람도 불고 험한 파도도 휘몰아치는 일상생활의 바다 한가운데서, 우리는 꿋꿋한 사랑과 신앙으로 서로를 이해하고 격려하는 행복한 섬이 되기로 해요. 하와이의 오래된 벗, 루이스와 알베르토, 그리고 여러 친구들에게 고국의 과꽃 닮은 나의 우정을 전하며 바다 내음 나는 시 한 편 초록빛 목소리로 읽어드립니다.

아직도 태초의 기운을 지니고 있는
바다를 내게 허락하소서
짙푸른 순수가 얼굴인 바다의
단순성을 본받게 하시고
파도의 노래밖에는 들어 있는 것이 없는
바다의 가슴을 닮게 하소서

홍수가 들어도 넘치지 않는 겸손과
가뭄이 들어도 부족함이 없는
여유를 알게 하시고
항시 움직임으로 썩지 않는 생명 또한 배우게 하소서.

— 정채봉의 시 〈나의 기도〉

향기로운 불꽃이 될 수 있도록
– 故 박두진 선생님께

'이제 더욱 결정적인 헌신으로 주께 영화를 돌리리라 생각되어 진심으로 기쁨을 전합니다. 시심도 더 영롱해지고 지순한 영혼의 기록 하느님께 피워 올리는 불의 향기, 땅 위에 가득하기를 바랍니다. 해인 수녀의 편지 받는 즐거움이 계속되기를 바라고 그것이 큰 즐거움의 하나이기도 합니다….'

오래전 제가 종신서원을 할 때 선생님께서 보내주신 축하편지를 다시 읽어보는 오늘은 하루 종일 비가 내립니다. 초록의 계절에 내리는 보드라운 초록비를 맞고 초록의 사람이 되고 싶어 우산도 쓰지 않고 정원에 나가니 어디엔가 숨어 있던 새들이 제 이름을 부르는 것 같아 한참을 그 자리에 서 있었습니다.

어쩌다 제가 오랜만에 전화를 걸면 "응, 그래, 잘 있었나? 한번 다녀가지 그래. 보고 싶은데…." 하시던 선생님, 구도자답게 열심히 시를 써야 한다며 제 부족한 시집에도 기꺼이 제자 題字를 써주시곤 하시던 선생님, 우리 수녀원에서 구운 성탄 과자가 맛있다고 즐겨 드시며 해마다 성탄이 기다려진다고 하시던 선생님, 안성에 꾸며놓은 문학관에도 꼭 한번

같이 가자고 하시던 선생님께서 지금은 이 세상에 안 계시다는 사실이 아직도 실감나지 않고 더없이 쓸쓸하게 여겨지는 요즘입니다.

"예수 그리스도의 얼굴이 이 안에 숨겨져 있는 것 같지?" 하시며 어느 날 제게 선물로 건네주신 아름다운 수석水石 하나가 오늘도 제 책상 위에서 많은 이야기를 들려주며 선생님의 모습을 떠오르게 합니다. 그리스도의 돌과 함께 주신 성모 마리아를 닮은 검은 돌 한 개는 선생님을 존경하는 미술대학 교수님께 드렸습니다.

저의 첫 시집 《민들레의 영토》에 써주신 사무사思無邪 족자도 걸려 있는 제 자그만 글방에서 선생님께 이렇게 수신인 없는 편지를 쓰려니 새삼 슬프고 하얀 찔레꽃 같은 그리움이 솟구쳐 오릅니다.

'… 고독의 진주를 캐며 내가 꽃으로 피어나야 할 땅'이라고 노래한 적이 있는 이 '민들레의 영토' 수녀원에서 제가 수도자로 살겠다는 언약을 한 지도 벌써 30년이 넘었습니다. 수도생활 초기에는 경험하지 못했던 잔잔한 기쁨과 평화를 누리며 행복한 저는 다른 사람에 대한 이해와 배려의 폭도 조금씩 넓어지는 것을 체험하면서 얼마나 감사하고 은혜로운지요. 또한 저 자신의 결점이나 실수에 대해서도 웃을 수 있는 마음의 여유가 생겨 스스로 대견하게 여길 때도 있답니다. 세월이 가면 마음도 단감처럼 익는 것인지 한창 젊은 시절엔 지니지 못했던 삶의 지혜도 제가 사랑하는 만큼의 비례로 따라오는 것 같아 이 또한 감사하고 있습니다.

하루 한순간을 늘 소중히 여기는 노력, 마지막 기회를 대하듯이 매사

를 따뜻하고 정성스럽게 꾸려가는 노력을 그 어느 때보다도 진지하고 성실하게 하고 있는 요즘의 제 모습을 선생님께 보여드리고 싶은 마음 가득합니다. 어려서부터 마음 깊이 들여놓은 하느님이란 큰 바다 덕분에 제 삶에도 싱싱한 물살이 흐르는 소리를 갈수록 새롭게 듣습니다. 창문으로 바다를 내다볼 때마다 '바다처럼 깊고 넓고 푸른 사랑을 해야지.' 하고 거듭거듭 다짐하곤 합니다.

며칠 전에는 서울에 갔다가 우리가 관여하는 달동네의 어린이집과 포장마차 국수집을 방문하였습니다. 처음 보는데도 스스럼없이 안기며 "이모는 몇 살이야?" 하고 예쁜 말을 건네던 어린이들 덕분에 참으로 맑고 순결한 기쁨을 맛보았습니다. 아들에게 버림 받고 혼자 살던 어느 노인이 앉은 채로 굶어 죽은 것이 계기가 되어 동네 사람들과 뜻을 합해 국수집을 차리게 되었다는 얘길 그곳에서 일하는 수녀로부터 전해 듣고는 펑펑 울었습니다. 늘 옆에서 돌보던 이웃 할머니가 병이 나는 바람에 혼자서 외롭게 삶을 마감한 할머니의 모습을 상상하는 것 자체가 큰 충격이었습니다. '풍요한 세상에서 가장 귀해지는 유일한 요소는 인간적인 보살핌이다.'는 말이 자꾸 생각납니다. 나라도, 교회도 이기적인 욕심에 눈이 어두워 말로만 사랑을 부르짖고 정작 도움이 필요한 가엾은 이들을 잊고 사는 경우가 많은 듯해서 마음이 어둡고 우울해지곤 합니다.

저도 제 삶의 자리에서 할 수 있는 최선을 다해 이웃사랑에 깨어 있는 작은 수녀가 되겠습니다.

수도생활 잘하라고 늘 따스하고 조용한 눈길로 격려해주시던 선생님께서도 저를 계속 지켜보아 주시겠지요?

선생님의 말씀대로 자신을 아낌없이 태워서 더욱 향기로운 한 점 불꽃이 될 수 있도록 열심히 살겠습니다. 아직 가보지 못한 선생님의 묘지에는 평소의 방문 동반자였던 시인 김승희와 함께 한 묶음의 들꽃을 들고 가서 제가 가장 좋아하는 선생님의 시 〈신약〉을 나직이 외우고 싶습니다.

만년 뒤에도 억년 뒤에도
우린 그때 그렇게 있을 것이라 한다
모두는 끝나고
바다와 하늘뿐인
뙤약볕 사막벌의 하얀 뼈의 너
희디하얀 나도 너의 곁에 누워
사랑해 사랑해
서로 오랜 하늘 두고 맹세해온 말
그 가슴의 말 되풀이해
파도소리에 씻으며
영겁을 나란하게 바닷가에 살아
우린 그때 그렇게 있을 것이라 한다.
— 박두진의 시 〈신약新約〉

신발은 찾으셨나요?
– 故 정채봉 선생님께

저를 늘 흰구름 수녀라고 불러주셨던 정채봉 프란치스코 선생님, 저의 첫 시집《민들레의 영토》를 혼자서만 보고 싶은 마음에 제목이 안 보이는 쪽으로 서가에 꽂아두었다며 환히 웃으시던 그 모습이 눈에 선합니다. 지난 1월, 선생님이 하늘나라로 떠나신 후 저는 깊이 생각할수록 슬퍼져서 애써 잊으려고 했답니다.

선생님이 떠나신 후 많은 독자가 동화작가 정채봉을 잃은 슬픔을 저에게 적어보내기도 했지만, 저는 애도의 글조차 쓸 수 없는 심정이었습니다.《샘터》의 홈페이지에 가면 볼 수 있는 선생님의 모습도 일부러 안 보려고 열지 않았지요. 그런데 최근 서가를 정리할 일이 있어 여기저기 뒤지다 보니 제가 선생님과 함께 찍은 사진도 꽤 많았고, 보내주신 책마다 참으로 아름답고 다정한 글귀들로 채워져 있는 걸 보고 문득 선생님을 향한 그리움이 밀려왔습니다. 비스듬히 누운 만년필 글씨가 더욱 정겹게 여겨집니다. 8년 전 제게 보내신 편지 한 통을 공개하는 일이 선생님께 누가 되지 않길 바라며, 선생님을 사랑하는 독자들과 나누려고 합니다. 장난기 가득한 소년이 주인공인 한 편의 동화를 읽는 것 같은 이

편지에는 유난히 괄호가 많아 저는 더욱 눈여겨보고 간직해두었답니다.

해인 수녀님

창밖에는 봄비 오고요 제 가슴에는 노래 실리고요(저희 회사 가까이에 리어커 행상이 나옵니다. 대개가 유행가들을 녹음해 파는 행상인데요. 오늘은 비가 오니까 우리 회사 갓길에서 노래를 틀어놓고 앉아 있네요. 그 노래가 무언지 모르시죠? 〈보디가드〉라는 영화 주제곡인데요. '나 그대를 사랑해' 어쩌고 하는 열창이어요). 어제 바깥에 나갔다 들어왔더니 저희 부서 기자 왈, "해인 수녀님께서 부장님이 무심하다던데요." 해요. 순간, 불칼 같은 것에 가슴을 베인 듯한 섬뜩함이 있었습니다. 죄송합니다. 수녀님. 사실은요, 2월부터 바람이 났었어요. 방송국에 있는 친구가 테마 찾으러 간다고 동행하자길래 따라나선 길이 뉴질랜드, 호주였거든요(빌어먹을, 찾아야 하는 테마는 제쳐버리고 밤이면 술, 낮에는 다니면서 졸고, 또 밤이면 술, 그러다가 뉴질랜드 어떤 호텔에서 별 따러 나가자고 기고만장해서 나간 것까지는 좋았는데, 잔디밭에서 하늘을 향해 신발을 던졌지요. 에고! 신발이 어느 숲에 떨어진지를 술을 먹었으니 알 수 있나요. 맨발로 호텔로 돌아와서 이튿날 아침에 나가보았더니 신발이 하늘로 진짜 올라가 버렸는지 찾아지지 않지 뭡니까. 하늘로 올라갔다면 모르겠지만 어느 숲 어디에서 떠나간 주인을 원망하며 눈물을 흘리고 있을 나의 신발! 에고 불쌍해라!). 그 길로 돌아와서는 또 주문진으로 회사 사원 수련회를 갔었고(2박 3일), 거기서 돌아와서는 피천득 선생님 모시고 제주도 가서 하룻밤을 자고 왔

고요(피 선생님이 망설이시는 걸 거머리처럼 붙어서 모시고 간 데가 어딘지 아세요? 가라오케였다 이겁니다. 피 선생님께서 "아하! 이런 것이 가라오케구나. 공부 한번 잘했다." 하셔서 함께 웃었습니다). 그리곤 《샘터》 편집 하다 보니 오늘에 왔네요. 무심하게도(변명을 늘어놓아 죄송합니다). (… 중략 …)

다음의 광안리행은 간절히 소망하는 길손인데요. 수도원이라는 선입견 때문에 은근히 떨리는 거 있죠? 그러나 용기 내서 한번 가볼 작정을 합니다. 피 선생님을 꼬셔서요. 그런데 전 일을 줄여야겠다고 하면서도 또 큰일을 벌였지 뭡니까. 김수환 추기경님 전기를 쓰기로 덜컥 약속을 해버린 겁니다. 교구청 비서실로 가 신문사 측의 설명에 기분이 우쭐해 "하지요!" 하구선 앓고 있습니다. 사실 수녀님도 아시다시피 이런 일은 잘해야 본전이 아닙니까. 그러나 이젠 싫어도 어쩔 수 없습니다. 이미 인터뷰를 하는 중이고, 이번 31일에는 추기경님과 함께 추기경님이 성장하신 군위로 가길 계획하고 있으니까요(수녀님께서 기도 좀 해주십시오. 부탁입니다). 법정 스님 책 보내드립니다. 제 책《이 순간》, 《바람의 기별》을 함께 넣습니다(늦음을 다시 사과드리니 무심하다는 말을 거둬주십시오. 전 고백하거니와 수녀님께 늘 유심하니까요). 늘 맑으시고, 늘 건강하시기를 성모님께 전구드립니다(차 조심하시고요, 자전거도 조심하시고요, 거 뭐더라, 압력 증기 같은 것 특히 조심하시고요).

– 1993. 3. 24 정채봉 씀니다.

십 대들에게 바라는 생활 태도
- 청소년들에게

사랑하는 청소년 여러분,

우리의 꿈, 희망, 기쁨인 여러분,

봄이 오는 정원에 나가보니

사철나무를 비롯해 많은 나무들이

묵은 잎을 떨구고 새 잎을 피워 올리고 있었어요.

묵은 잎은 딱딱하고 칙칙하고 고집스러워 보였지만

새 잎들은 보드랍고 밝고 온유해 보였습니다.

우리도 이제 봄과 같은 마음으로

새옷을 갈아입은 나무들처럼

어둡고 낡고 묵은 생활 태도를 버리고

새 사람이 되어야겠지요?

여러분의 좋은 점을 늘 소중히 여기고

칭찬할 일도 많은 게 사실이지만

오늘은 여러분이 고쳤으면 하는 생활 태도에 대해서

몇 가지 잔소리를 하려고 하니

좋은 마음으로 이해해주길 바랍니다.

여러분의 모든 것을 늘 궁금히 여기는 부모님께
학교에서 일어난 일, 친구들과의 관계들을
때로는 마음이 내키지 않더라도 되도록이면 자주
솔직하게 터놓고 이야기할 수 있는 아량을 지니세요.
묻는 말에는 좀 더 친절히 대답해주면 좋겠어요.
왠지 구름이 낀 듯한 침울한 모습보다는
쾌활하게 웃는 얼굴을 보여주는 것 자체가
부모님께 대한 효도이고 형제들에 대한 사랑임을
다시 한번 기억해주세요.
이 세상에서 가족들과 함께 살 수 있는 시간은
생각보다 짧다는 것을 항상 기억하기 바랍니다.
물론 공부하기도 바쁘고 나름대로의 이유가 있겠으나
집에 손님이 오셔도 바쁘다는 핑계로 밖에 나와 인사하기조차
꺼리는 모습은 좀 곤란하다고 봅니다.
그리고도 자기가 '하고 싶은 것들'은 '해야 할 일들'보다도
앞세워서 잘도 실행하는 여러분임을 자주 목격하게 됩니다.
너무 긴 시간의 컴퓨터 통신, 게임, 전화에 열중한 나머지
사람을 만나도 무표정하고, 어서 기계하고만 친할 궁리를

하는 것으로 보이는 여러분의 모습은 때때로 우리를 슬프게 한답니다.

아무리 화가 나고 언짢은 일이 있더라도
마음을 닫듯이 입을 닫고, 방문을 닫고
모두 침묵으로 일관함으로써
가족들의 마음에 멍을 들이는 일은 없었으면 해요.
나도 십 대에 그런 행동을 여러 번 했지만
어른이 되어서도 두고두고 후회하게 되는
미성숙하고 어리석은 일이니까요.

집에서는 부모님께, 학교에서는 선생님께
그리고 여러분이 만나는 모든 사람들에게
함부로 말하지 않고 늘 존칭어를 바로 쓰며
깍듯이 예의를 잃지 않는 모습을 기대해도 되지요?
길에서 침을 탁탁 뱉고 아무 데나 휴지를 버리는
여러분의 모습을 보고 실망한 적도 많아요.
어른들이 공중도덕을 지키지 않으면
오히려 여러분이 떳떳하게 지적해줄 만큼
언제 어디서나 최선의 성실을 다하는
맑고 고운 모습을 보여주세요.

사소한 일에도 늘 자신의 유익만 챙기지 말고
다른 사람의 편리를 배려할 수 있는
따뜻하고 너그러운 마음을 키우세요.
그래서 버스나 전철 안에서는 노약자들에게
누구보다 먼저 선선하게 자리를 양보하는
여러분의 모습을 보고 싶습니다.

음식을 먹을 땐 편식하지 않고
좀 더 골고루 먹는 습관을 들였으면 해요.
자기가 좋아하는 것만 많이 먹고
싫어하는 것은 입에도 안 대는 편협함은
인간관계에도 그대로 드러나니까요.
반찬 투정을 하고 싶을 땐 지구촌 곳곳에서
굶주림에 허덕이는 이들과 난민들을 기억하며
새롭게 감사하는 마음으로 음식을 들기로 해요.
우리가 음식을 골고루 취하듯이
사람들과의 관계도 보편적인 사랑 안에 이루어지면
따돌림 같은 현상도 빚어지지 않을 테지요?

친구와의 우정에 있어서는

늘 한결같은 정성으로 믿음과 신뢰를 쌓아
기분에 따라 쉽게 변하는 일이 없으면 좋겠어요.
삶의 보물인 친구를 이기적인 자존심이나 변덕으로 잃어버린다면
얼마나 애석한 일이겠어요?

아름다움에 대한 관심 자체는 좋은 것이지만
너무 외모에만 관심을 기울인 나머지
먹을 것도 제대로 먹지 않으면서까지
모델처럼 날씬해지려고만 열중하는 모습은
그리 좋아 보이지 않습니다.
눈, 코, 입 등 얼굴의 어떤 부분이
마음에 들지 않는다고 거울을 들여다보며
푸념하는 그 시간에 오히려
'내가 고쳐야 할 성격이나 생활 태도'를 구체적으로
점검하고 개선하려고 노력을 한다면
여러분은 언젠가 안팎으로 더욱 아름답고 성숙한 사람으로
변화되어 있을 것입니다.

나중에 후회할 줄 뻔히 알면서도
순간적인 충동과 호기심으로

가지 말아야 할 곳을 가고

보지 말아야 할 것을 보는 일에 중독되어

자신을 파멸로 이끈 십 대들도 있습니다.

이런저런 잘못된 사례들을 무수히 접하면서도

이를 통해 정신을 차리기는커녕

'어디 나도 한번 해볼까?' 하는 쪽으로 방향을 잘못 틀어

삶의 목표를 그르치는 비겁하고 어리석은 여러분은 아니길 바랍니다.

몸과 마음이 아름답고 순결한 사람이 되기 위해

여러분도 새옷을 갈아입는 나무들처럼

부디 활기차고 꿋꿋한 노력을 멈추지 말아주세요.

새로 태어나기 위한 아픔도 잘 견디어내기로

우리 함께 마음을 다져요. 나날이 새롭게.

기도 속에 사시는 어머니께

"우리 집 뜰의 돗나물을 뜯어 손님들에게 무쳐드려야겠어." 며칠 전에 전화드렸을 적에 어머니는 이렇게 말씀하셨지요? 올해로 아흔이 되시니 다들 장수하신다고 입을 모으는데, 이런 말도 자꾸 들으니 너무 오래 사는 것 같아 민망하다고 하셨지요? 이번 스승의 날에 저는 모처럼 여중시절의 담임이셨던 안온신 선생님께 카드를 보냈더니, "단아한 모습으로 깊은 신심이 엿보이던 어머님께서 장수의 축복을 누리시는군요. 수녀님에게 주시는 하느님의 축복입니다."라고 40년 전 어머니의 모습을 아직도 기억하며 답을 보내왔어요.

4남매를 남겨놓고 아버지가 납치되신 후 51년을 오직 신앙에 의지하여 살아오신 어머니, 수녀가 된 두 딸을 만나기 위해 부산으로 기차를 타고 오실 때면 성당 노인잔치에서 받은 내의, 타월, 비누, 조카들이 안 쓰고 내어놓은 달력이나 인형까지 선물로 넣어 오시느라 가방이 늘 무거우신 어머니, '큰 수녀의 선녀는 흰옷을 입어 우아했으며 작은 수녀의 선녀는 좀 더 화려한 옷을 입고 있었지.'라는, 내용이 비슷했다는 두 딸의 태몽 이야기를 만나는 이들에게 즐겨 들려주시는 어머니, 어쩌다 작은 수녀의 글이 신문이나 잡지에 실리면 버스를 타고 구청에까지 가서 수십 장 확대 복사를 하여 친지들에게 돌리신다는 어머니께 저는 감사는커녕 오히려 못마땅하다는 표현을 해서 서운함을 안겨드렸지요.

지난달에는 오랜만에 어머니를 모시고 춘천 외삼촌 댁에 다녀왔는데, 꽃무늬 원피스에 파란 물방울 무늬의 스카프를 매시고 숱이 없는 머리를 가리기 위해 손녀 향이가 선물했다는 하얀 모자를 쓰시고 막내딸 로사가 미국에서 보낸 고운 반지도 끼시며 한껏 멋을 내셨지요. 그때도 저는 어머니께 "좀 수수하게 차려입으시지." 어쩌고 하면서 잔소리를 했던 게 마음에 걸립니다. 왜 딸들은 먼 데서는 엄마를 그리워하다가도 막상 효도할 기회가 오면 그렇지 못한지 저 또한 늘 반성하면서도 고치질 못합니다.

전철을 자주 이용해 서울 지리에도 아주 훤하시고 여전히 커피, 맥주를 즐겨 드시며 바느질도 가끔 하시지만, "이젠 정말 전과 같지 않아."라고 자주 말씀하시는 어머니. 전보다 걸음이 훨씬 느려지시고 등도 많이 굽으신 걸 이번 여행길에서 한눈에 눈치챌 수 있었습니다. 어머니를 모시는 우이동의 오빠 내외도 부쩍 왜소해지신 어머니의 뒷모습을 보고 깜짝 놀랐다고 했습니다. 혼자만 감당해야 했을 인고의 세월이 깊이 서린 어머니의 굽은 등, 휜 다리는 오히려 아름답게 보입니다. 손녀들이 종종 '원더 우먼'이라고 부르기도 했던 어머니의 육체적 힘은 이제 서서히 약해지고 있지만, 일생을 자식을 위해 희생하신 그 사랑만은 세월이 가

도 빛을 잃지 않을 것입니다. "이렇게 나이를 먹어서도 엄마와 헤어질 땐 눈물이 난다."고 저는 어느 시에서 적었습니다. 꽃잎과 꽃씨를 넣어 부쳐 주시던 다정한 편지, 하느님도 안 들어주시고는 못 배길 그토록 단순하고 열정적인 어머니의 기도가 있었기에 우리 4남매는 다 잘 지내고 있다고 여겨집니다.

40여 년 봉쇄 수도원에 살고 있는 인숙 언니는 맏이라서 그런지 어머니에 대한 애정도 더욱 애틋하지요. 어쩌다 저와 통화가 되면 "얘, 있잖니? 앞으로 어머니가 몇 번이나 더 기차를 타고 부산에 오실까?" "어느 날, 어머니의 편지나 소포가 끊기면 너와 나는 매우 허전하겠지?" 합니다. "언니는 왜 미리 슬퍼하고 야단이야?" 하고 핀잔을 주다가 슬그머니 저도 어머니가 안 계신 세상을 미리 상상해보며 눈물이 핑 돌곤 한답니다. "험한 모습 안 보이고 자는 듯이 곱게 가야 할 텐데…." 하고 말씀하시는 어머니의 그 음성은 아직도 소녀 같으십니다. 거리상, 형편상, 좀 더 자주 뵈올 수 없는 것이 늘 안타까울 뿐이지요. 그래도 서로 기도 안에 함께할 수 있음이 얼마나 큰 위로인지요!

'신은 모든 곳에 계실 수가 없기에 어머니를 만드셨다.'는 뜻깊은 말을 기억하며 어머니를 불러보는 5월, 베풀어주신 모든 사랑에 감사드리며 어머니가 주신 장미 묵주알을 그리움 속에 만져봅니다. 늘 기도 속에 사시는 어머니를 위해 저도 오늘은 묵주기도를 바치렵니다.